Παντελής Χ. Καρατασάκης

Ημερολόγιο ενός Στρατιώτη στη Μικρασιατική Εκστρατεία

1919-1921

Pantelis C. Karatasakis

Diary of a Soldier in the Asia Minor Campaign

1919-1921

επιμέλεια: Αλέκος Π. Καρατασάκης, Γρηγόρης Κόντος
editors: Alec P. Karys, Gregory Kontos

2023

Alec P. Karys

Framingham , MA 01701, USA

Paperback ISBN: 979-8-9896690-0-4

Hardback ISBN: 979-8-9896690-2-8

E-book ISBN: 979-8-9896690-1-1

Book & cover design by Vasilina Kaouri

Αφιερωμένο στους γονείς μου, Παντελή και Ελισάβετ,

που εγκατέλειψαν τα όνειρά τους,

ώστε τα έξι τους παιδιά να ακολουθήσουν τα δικά τους

σε μια μακρινή γη που λέγεται Αμερική.

Αλέκος Π. Καρατασάκης

This is dedicated to my parents, Pantelis and Elizabeth,

who gave up their dreams,

so that their six children could pursue theirs

in a faraway land called America.

Alec P. Karys

Περιεχόμενα - Contents

Πρόλογος

Το ημερολόγιο του πατέρα μου βρισκόταν σε ανοιχτή θέα στο πάνω, ξεκλείδωτο συρτάρι της συρταριέρας στην κρεβατοκάμαρά του, μαζί με το μοναδικό άλλο του πολύτιμο αντικείμενο, το χρυσό ρολόι τσέπης τύπου Waltham που ανήκε στον πατέρα του. Από παιδιά, ενίοτε μπορεί να γράφαμε μια γραμμή, να ζωγραφίζαμε μια μουτζούρα ή υπογραφές στο ημερολόγιο, αλλά ποτέ μας δεν το διαβάσαμε. Εξάλλου, ήταν γραμμένο με το χέρι στα ελληνικά και ήταν δύσκολη η ανάγνωσή του. Με άλλα λόγια, ήταν απλώς ένα αντικείμενο στη συρταριέρα του πατέρα μας.

Ο πατέρας μου πέθανε σε σχετικά μικρή ηλικία, 66 ετών, το 1964, όταν ήμουν 20 ετών. Ούτε εγώ ούτε τα μεγαλύτερά μου αδέρφια θυμόμαστε τον πατέρα μας να συζητά για την εμπειρία του από τη Μικρασιατική Εκστρατεία. Μόνο αφού πέθανε η μητέρα μου, το 2000, ήρθε το ημερολόγιο στα χέρια μου και έμαθα για το περιεχόμενό του. Τώρα νιώθω ότι έχω ξεκλειδώσει τμήματα της προσωπικής ιστορίας του πατέρα μου, μια πλευρά της ζωής και του χαρακτήρα του την οποία δε γνώριζα.

Ο πατέρας μου, Παντελής Καρατασάκης του Χρήστου και της Τριαντάφυλλης, γεννήθηκε στο μικρό χωριό της Γρανίτσας (σήμερα γνωστής ως Νυμφασίας), ψηλά στα βουνά της Αρκαδίας, το 1898. Πήγε στο τοπικό σχολείο και στις 27 Ιουνίου 1918, σε ηλικία 20 ετών, κλήθηκε για τη στρατιωτική του υπηρεσία στο Ναύπλιο, στο Πεζικό της 4ης Μεραρχίας. Περίπου

Prologue

My father's diary was kept in plain view in an unlocked top drawer of his bedroom dresser, along with his only other prized possession, his father's gold Waltham pocket watch. As kids, from time to time, we would maybe write a line, draw squiggles or signatures in the diary, but we never read it - besides, it was written in Greek cursive and was difficult to decipher. In other words, it was just an object in our father's wardrobe.

My father died at a relatively young age, 66, in 1964, when I was 20 years old. I do not recall my father discussing his experience in the Asia Minor Campaign, nor did my older siblings. It was only after my mother's passing in 2000 that the diary came to my hands, and I became aware of its content. Now, I feel that I have unlocked parts of my father's own history, an aspect of his life and character that I was not familiar with.

My father, Pantelis Christos Karatasakis, son of Christos and Triantafyli, was born in the small village of Granitsa (today known as Nymfasia) up in the mountains of Arcadia, Peloponnese, Greece, in 1898. He attended the local school and on June 27th, 1918, at the age of 20, he was called for military service at Nafplio, at the Infantry Division IV unit. About a month later, he was transferred to the Battery of the Second Army Corps. When Greece launched the Asia Minor Cam-

ένα μήνα αργότερα, μεταφέρθηκε στο Πυροβολικό του Β' Σώματος Στρατού. Όταν η Ελλάδα ξεκίνησε τη Μικρασιατική Εκστρατεία, το Μάιο του 1919, ο πατέρας μου ήταν 21 ετών.

Ο πατέρας μου επέζησε στη Μικρασιατική Εκστρατεία, παρά την καταστροφική ήττα του ελληνικού στρατού. Αργότερα στη ζωή του, σε διάφορες φάσεις, βρέθηκε να είναι Πρόεδρος της Κοινότητας της Νυμφασίας (1932-34, 1943-50). Τα ιδιαίτερα χαρακτηριστικά της προσωπικότητάς του, τα οποία οι κάτοικοι αναγνώριζαν και θαύμαζαν, τον έκαναν ιδανικό για τη θέση αυτή: σοβαρός, ειλικρινής, αξιόπιστος, οξυδερκής και με γνώσεις. Συχνά έδινε συμβουλές σε όλους όσους είχαν διλήμματα που προσπαθούσαν να αντιμετωπίσουν, είτε οικογενειακά ζητήματα είτε επιχειρηματικά. Η σοφία του βοήθησε το χωριό να βρει τα πατήματά του και να επιβιώσει κατά την ταραγμένη δεκαετία του 1930, κατά τη γερμανική κατοχή και κατά τον ελληνικό εμφύλιο που ακολούθησε. Το 1951, ο πατέρας μου πήρε τη δύσκολη απόφαση για τη μετανάστευση της οικογένειας. Ολόκληρη η οικογένεια, η μητέρα μου Ελισάβετ Σφήκα, και τα αδέρφια μου, Χρήστος, Τριαντάφυλλη, Τούλα, Φρεντ, Μαρία, και εγώ, φτάσαμε στην Αμερική, όπου ζούμε μέχρι σήμερα. Ο πατέρας μου πέθανε στις 9 Σεπτεμβρίου του 1964, και μολονότι ετάφη στη μακρινή Βοστώνη, η Κοινότητα της Νυμφασίας αποφάσισε να τιμήσει τον πρώην της Πρόεδρο και ευεργέτη διοργανώνοντας μνημόσυνη τελετή.

paign, in May 1919, my father was 21 years old.

My father survived the Asia Minor Campaign, despite the Greek Army's catastrophic defeat. Later in life, on several occasions, Pantelis found himself to be the President of the Nymfasia community (1932-34, 1943-50). His particular personality traits, which the residents recognized and admired, made him ideal for the position: serious, honest, reliable, wise, and knowledgeable. On occasion, he was a counselor to all that may have any dilemmas they were trying to resolve, be it a family issue or a business transaction. His wisdom helped the village navigate and survive the turbulent 1930s, the NAZI occupation during WWII and the Greek Civil War post WWII. In 1951, my father made the bold decision for the family's emigration. The whole family, my mother Elizabeth Sfikas, and my siblings Chris, Rose, Toula, Fred, Maria, and I arrived in the United States, where we currently reside. My father passed on September 9th, 1964, and although he was buried in faraway Boston, the community of Nymfasia chose to honor its former president and benefactor by organizing a commemoration service.

Who was my father? "A great patriot" per the obituary that a friend of his published in Nymfasia, that was always my impression of him. I never thought of him as a sentimentalist; however, apparently, buried inside him, back in his early

Ποιος ήταν ο πατέρας μου; «Ένας σπουδαίος πατριώτης» σύμφωνα με τον επικήδειο που ένας φίλος του δημοσίευσε στη Νυμφασία· αυτή ήταν πάντοτε και η δική μου εικόνα για αυτόν. Ποτέ δεν τον φαντάστηκα ως πολύ ευαίσθητο· ωστόσο, καθώς φαίνεται, βαθιά μέσα του, τότε στα πρώιμά του χρόνια, μεταξύ εφηβείας και ενηλικίωσης, βαθιά αισθήματα και συναισθήματα γέμιζαν την ψυχή του πατέρα μου, όπως γίνεται εμφανές κυρίως στα ποιήματά του, τα οποία βρίσκονται σε διάφορα σημεία του ημερολογίου. Δεν είναι μόνο οι παθιασμένες του πολιτικές απόψεις, που με ζωντάνια παρουσιάζονται στα ποιήματα, αλλά και οι κακουχίες και απώλειες του πολέμου, η μοναξιά και ο φόβος που ο πατέρας μου βίωσε κατά τη διάρκεια της Εκστρατείας. Πέρα από τις πολιτικές του απόψεις, ούτε οι δυσκολίες του πολέμου ούτε το ψυχικό τους αποτύπωμα συζητιούνταν ποτέ στο σπίτι.

Αυτό το ημερολόγιο, κάποτε ένα ξεχασμένο αντικείμενο στη συρταριέρα του πατέρα μου, έχει γίνει ένα πολύτιμο παράθυρο στο παρελθόν και στα ανομολόγητα συναισθήματά του. Πίσω από την απόφασή μου να το δημοσιεύσω είναι όχι μόνο η επιθυμία μου να διατηρήσω τη μνήμη του πατέρα μου, αλλά και η ελπίδα ότι θα είναι πολύτιμη παρακαταθήκη για τα παιδιά και την οικογένειά μου. Έτσι όπως ο πατέρας μου φύλαξε το ρολόι του πατέρα του, έτσι κι εγώ αφήνω πίσω αυτό το ημερολόγιο. Και ποιος ξέρει, ίσως στο μέλλον, οι δικοί μου απόγονοι θα βρουν

years, on the verge of adolescence and adulthood, deep emotions filled my father's soul, particularly evident in his poems, which are found throughout the diary. It is not only his passionate political views that are vividly presented in the poems, but also the hardships and losses of war, the loneliness and fear that my father experienced during the Campaign. Apart from his political views, neither the struggles of war, nor the emotional impact were ever discussed at home.

This diary, once a forgotten object in my father's dresser, has become a precious window into his past and unspoken feelings. My decision to publish it is driven not only by my desire to preserve my father's memory but also by the hope that it will be a valuable legacy for my children and our family. Just as my father treasured his father's watch, I am now passing down his diary. And who knows, perhaps in the future, my descendants will find value in preserving some piece of my own life.

I would like to express my gratitude to historian Gregory Kontos and the entire Greek Ancestry team for the transcription and translation of my father's diary, as well as for the editing of this publication. Also, architect-designer Vasilina Kaouri for designing the cover and general layout of this book.

Alec P. Karys (Karatasakis)

Framingham, MA, December 2023

αξία στη διατήρηση κάποιου μέρους της δικής μου ζωής.

Θα ήθελα να εκφράσω την ευγνωμοσύνη μου στον ιστορικό Γρηγόρη Κόντο και σε όλη την ομάδα της Greek Ancestry για την αποδελτίωση και μετάφραση του ημερολογίου του πατέρα μου, καθώς και για την επιμέλεια αυτής της έκδοσης. Επίσης, στην αρχιτέκτονα-σχεδιάστρια Βασιλίνα Καούρη για το σχεδιασμό του εξωφύλλου και της γενικής διάταξης του βιβλίου αυτού.

Αλέκος Π. Καρατασάκης

Framingham Μασαχουσέτης, Δεκέμβριος 2023

Παντελής Χ. Καρατασάκης, *1918*
Pantelis C. Karatasakis, *1918*

Εισαγωγή

Το ημερολόγιο του Παντελή και η έκδοσή του

Στα πολλά χρόνια που ασχολούμαι με το χώρο της ελληνικής γενεαλογίας και οικογενειακής ιστορίας, είχα την ευκαιρία να δω και να θαυμάσω δεκάδες οικογενειακά κειμήλια: σπάνια αντικείμενα, εκπληκτικά έγγραφα, υπέροχες φωτογραφίες, ενδιαφέρουσες επιστολές. Ωστόσο, δεν είναι προνόμιο κάθε οικογένειας να έχει το αυθεντικό ημερολόγιο ενός προγόνου που πήρε μέρος στη Μικρασιατική Εκστρατεία. Το ημερολόγιο του Παντελή Καρατασάκη είναι πολύ ιδιαίτερο από αυτήν την άποψη. Παρά ταύτα, το ενδιαφέρον μου για αυτό δεν έχει να κάνει καθόλου με τη σπανιότητά του. Αντιθέτως, υπάρχουν δύο άλλες διαστάσεις που μου κέντρισαν την προσοχή.

Από τη μια, είναι η προσωπική ιστορία, η εμπειρία, η αντίληψη και η κατανόηση του πατέρα του Αλέκου, του Παντελή Καρατασάκη, που παρουσιάζονται μέσα από τα δικά του λόγια, άλλοτε με επικό κι άλλοτε με πιο λυρικό τρόπο. Αυτού του είδους η «προσωπική λογοτεχνία» επέτρεψε στον Παντελή να αφηγηθεί και να υποστασιοποιήσει την πολεμική του εμπειρία, αλλά και να εκφράσει εσωτερικότερες σκέψεις και συναισθήματα.[1] Από την άλλη, είναι το ενδιαφέρον του ίδιου

1 Σχετικά με τους Έλληνες στρατιώτες στη Μικρασιατική Εκστρατεία, βλ.: Δ. Καμούζης, Α. Μακρής, Χαρ. Μηνασίδης (επιμ.), *Έλληνες στρατιώτες και Μικρασιατική Εκστρατεία. Πτυχές μιας οδυνηρής εμπειρίας*, Βιβλιοπωλείον της Εστίας, Αθήνα: 2022. Ειδικά για τα ημερολόγια στρατιωτών, βλ.: Μ.

Introduction

Pantelis's Diary and its Publication

Over the several years of my involvement in the field of Greek genealogy and family history, I have had the opportunity to see and admire dozens of family heirlooms: rare objects, fascinating documents, wonderful photographs, invaluable letters. However, not every family has the privilege of possessing an ancestor's original diary from the Asia Minor Campaign! The Karatasakis diary is very special in this sense. Besides its rareness, two other aspects sparked my attention to it.

On the one hand, there is the personal story, experience, perception and understanding of Alec's father, Pantelis Karatasakis, which is reflected through his own words, sometimes in an epic and sometimes in a lyrical manner. This kind of "personal literature" allowed Pantelis to narrate and materialize his wartime experience, but also to express inner thoughts and feelings.[1] On the other hand, it is Alec's, a descendant's,

1 Regarding Greek soldiers in the Asia Minor Campaign, see D. Kamouzis, A. Makris, Ch. Minasidis (eds), *Greek Soldiers and the Asia Minor Campaign. Aspects of a painful experience*, Vivliopoleion tis Estias, Athens: 2022 (in Greek). Specifically about soldiers' diaries, see: M. Daleziou, "Body stories of the war: narratives about the material and sentimental body in diaries of soldiers of the Asia Minor Front" in aforementioned edited volume, p.193-223. Also: T. Koutsouradis, *Diaries and memoirs of lower officers and soldiers of the Asia Minor Campaign*, Sylloges, Athens: 2009 (in Greek), and P. Sarantakis, *From the Asia Minor Front, 1921-1922. Letters of members of the Asia Minor Army to relatives in America*,

του απογόνου, του Αλέκου, για τη διατήρηση και κληροδότηση της μνήμης του πατέρα του: μια προσωπική επένδυση στο οικογενειακό παρελθόν για το μέλλον· η ανάδειξη της ιστορίας ενός πατέρα, ανείπωτης και αποκαλυπτικής για το χαρακτήρα του, ούτε ένδοξης ούτε ηρωικής, μα απλά και αυθεντικά ανθρώπινης. Αυτή είναι η εργασία στην οποία αποφάσισα να συμμετέχω.

***

Το ημερολόγιο του Παντελή Καρατασάκη εμπεριέχεται σε ένα σημειωματάριο διαστάσεων 4" Χ 5,5". Είναι δεμένο με ύφασμα και οι σελίδες του φέρουν στο φόντο ένα πλέγμα. Το σημειωματάριο έχει τη δική του ιστορία. Μολονότι αρχικά χρησιμοποιήθηκε ως ημερολόγιο κατά τη Μικρασιατική Εκστρατεία, τα επόμενα χρόνια συνέχισε να χρησιμοποιείται όχι ως ημερολόγιο αλλά ακριβώς όπως κάθε σημειωματάριο: διάφορες σημειώσεις, λογαριασμοί, λίγες σελίδες ενός αυτοσχέδιου ελληνο-αγγλικού λεξικού, ακόμα και ζωγραφιές του Παντελή. Η πρώτη εγγραφή στο ημερολόγιο χρονολογείται στις 27 Ιουνίου 1918, όταν κατετάγη στο στρατό για τη θητεία του, ενώ οι τελευταίες φαίνεται να είναι από το 1930. Αυτό το προσωπικό

Δαλέζιου, «Σωματικές ιστορίες του πολέμου: Αφηγήσεις για το υλικό και συναισθηματικό σώμα σε ημερολόγια στρατιωτών του Μικρασιατικού Μετώπου» στον προαναφερθέντα συλλογικό τόμο, σ. 193-223. Επίσης: Τ. Κουτσουράδης, *Ημερολόγια και απομνημονεύματα κατωτέρων αξιωματικών και οπλιτών της Μικρασιατικής Εκστρατείας*, Συλλογές, Αθήνα: 2009, και Π. Σαραντάκης, *Εκ του Μετώπου της Μικράς Ασίας 1921-1922. Επιστολές μελών της Στρατιάς Μικράς Ασίας προς συγγενείς στην Αμερική*, Υδροπλάνο, Άλιμος: 2022.

own interest in preserving and bequeathing his father's memory: a personal investment in a family's past for the future; the presentation of a father's untold, character-revealing story, not illustrious or heroic, but simply and authentically human. This is the project that I decided to embark on.

***

The diary of Pantelis Karatasakis is contained in a 4"X5.5"-sized notebook bound with cloth. The pages are marked with a grid background. The notebook has a history of its own. Although it was initially used as a diary during the Asia Minor Campaign, in the following years it continued to be used not as a diary but as any notebook: random notes, bills, a few pages of a sketchy Greek-English dictionary, and even drawings by Pantelis. His first diary entry is dated June 27th, 1918, when he was called for military service, and it appears that his last notes are dated 1930. Also of note: though a personal notebook, it was never hidden. According to Alec it was in plain view in his parents' bedroom. This is proved by the fact that in a couple of instances, we see some writing of Pantelis's children, specifically Alec himself and his sister Triantafylli, writing down their names.

Ydroplano, Alimos: 2022 (in Greek).

σημειωματάριο, ωστόσο, δεν ήταν ποτέ κρυμμένο. Σύμφωνα με τον Αλέκο βρισκόταν σε ανοιχτή θέα στην κρεβατοκάμαρα του Παντελή. Αυτό αποδεικνύεται και από το γεγονός ότι σε ορισμένες περιπτώσεις βλέπουμε τη γραφή των παιδιών του Παντελή, συγκεκριμένα του Αλέκου και της αδερφής του Τριαντάφυλλης, που έγραφαν τα ονόματά τους.

Το περιεχόμενο του σημειωματαρίου διαρθρώνεται ως εξής:

1. Οι σελίδες 2-6 περιλαμβάνουν διάφορες σημειώσεις, ορισμένες από τις οποίες είναι αρκετά ξεθωριασμένες για να διαβαστούν, καθώς και την πρώτη εγγραφή, από τις 27 Ιουνίου 1918.
2. Οι σελίδες 7-30 καλύπτουν την περίοδο από τους πρώτους μήνες της στρατιωτικής θητείας του Παντελή, από τις 8 Απριλίου 1919, έως τις αρχές του Δεκεμβρίου 1920. Στο τμήμα αυτό, υπάρχουν μόνο δύο σελίδες ημερολογιακού κειμένου, με τις υπόλοιπες να είναι γεμάτες από ποιήματα που έγραψε ο Παντελής, σημειώσεις και ζωγραφιές.
3. Οι σελίδες 31-65 καλύπτουν την περίοδο από την αναχώρηση του στρατού από τις Σαράντα Εκκλησιές της Ανατολικής Θράκης προς το Μικρασιατικό Μέτωπο, και όλα όσα συνέβησαν κατά την Εκστρατεία της Άγκυρας έως τον Αύγουστο του 1921. Ποιήματα περιλαμβάνονται και σε αυτό το τμήμα.

The notebook's content is organized as follows:

1. Pages 2-6 include several notes, some of which are too blurry to be legible, and the first diary entry, June 27th, 1918.
2. Pages 7-30 cover the period from Pantelis's first months of military service, from April 8th, 1919, through the beginning of December 1920. There are only two pages of diary text with the rest of the pages filled with poems written by Pantelis, several notes and drawings.
3. Pages 31-65 cover the period from the Army's departure from Saranta Ekklisies in Eastern Thrace to the Asia Minor front, and everything that happened during the Ankara Campaign and up to August 1921. This section also includes poems.
4. Pages 66-79 narrate the retreat from Ankara starting on August 28th, 1921. The narration ends abruptly in mid-September of the same year.
5. Pages 80-96 include a sketchy Greek-English dictionary, a page with translations of 9 Greek words into Turkish, a bill list from 1930 and random notes.

***

4. Οι σελίδες 66-79 διηγούνται την υποχώρηση του στρατού από τις 28 Αυγούστου 1921. Η διήγηση σταματά απότομα στα μέσα Σεπτεμβρίου του ίδιου έτους.
5. Οι σελίδες 80-96 περιλαμβάνουν ένα αυτοσχέδιο ελληνο-αγγλικό λεξικό, μια σελίδα με μεταφράσεις εννέα ελληνικών λέξεων στα τουρκικά, έναν κατάλογο λογαριασμών του 1930, και τυχαίες σημειώσεις.

***

Αποφασίσαμε να εστιάσουμε στο ημερολογιακό κείμενο και τα ποιήματα που σχετίζονται με τη Μικρασιατική Εκστρατεία, εξαιρώντας τις διάφορες σημειώσεις και τα αυτοσχέδια λεξικά. Ωστόσο, όλες οι σελίδες του σημειωματαρίου έχουν ψηφιοποιηθεί και μπορούν να βρεθούν στο τέλος της έκδοσης αυτής, ώστε ο αναγνώστης να μη χάσει μια συνολική εικόνα για τη φύση του σημειωματαρίου, τα περιεχόμενα και την ιστορία του.

Όσον αφορά την επιμέλειά του, το σημειωματάριο πέρασε από τρία στάδια:

Καταρχάς, όλες οι ημερολογιακές καταχωρίσεις και τα ποιήματα διαβάστηκαν και μετεγράφησαν στην ελληνική. Η πρόθεσή μας ήταν η μεταγραφή να είναι όσο ακριβέστερη γίνεται. Ακολουθήθηκε η πρωτότυπη γραφή, κι έτσι όλα τα ορθογραφικά και γραμματικά σφάλματα μετεγράφησαν ακριβώς όπως

We decided to focus on diary text and poems related to the Asia Minor Campaign, leaving out miscellaneous notes and the sketchy dictionaries. Nevertheless, all the pages of the notebook were digitized and can be found at the end of this publication, so that the reader does not miss a comprehensive understanding of the notebook's nature, contents, and history.

In terms of editing, the notebook went through a three-stage process:

First, all the diary entries and poems were read and transcribed in Greek. It was decided that the transcription be as accurate as possible. We followed the original writing and therefore all orthographical and grammatical errors were transcribed exactly as they are found in the original text. The same applies to names of settlements and locations, which are then corrected in the footnotes. As for punctuation, we followed the logic of the original, without making any additions. However, in those cases where full stop marks were found to be random marks of the pen, they were not included in the transcription. Regarding the format of the text, again we followed the same approach. We did not add paragraphs or edit the text's format in a way that would alter its original condition. Similarly, poem lines were separated only if that was the case in the original as well. The only editing intervention was the

εμφανίζονται στο πρωτότυπο κείμενο. Το ίδιο ισχύει και για τα ονόματα των διαφόρων οικισμών και τοποθεσιών, που κατόπιν διορθώνονται στις υποσημειώσεις. Όσον αφορά τη στίξη, ακολουθήσαμε τη λογική του πρωτοτύπου, χωρίς να κάνουμε προσθήκες. Ωστόσο, στις περιπτώσεις όπου συναντήσαμε τελείες που ήταν τυχαία σημάδια της πένας, αυτές δεν συμπεριλήφθηκαν στη μεταγραφή. Όσον αφορά τη μορφή του κειμένου, ξανά ακολουθήσαμε την ίδια προσέγγιση. Δεν προσθέσαμε παραγράφους ούτε επεξεργαστήκαμε τη μορφή του κειμένου με οποιονδήποτε τρόπο που θα μπορούσε να αλλοιώσει την πρωτότυπή του κατάσταση. Παρομοίως, οι στίχοι των ποιημάτων διαχωρίστηκαν μόνο εφόσον αυτό συνέβαινε και στο πρωτότυπο. Η μόνη παρέμβαση ήταν η προσθήκη μονών καθέτων (|) για να σημειωθεί το τέλος ενός στίχου και διπλών καθέτων για να σημειωθεί το τέλος ενός ζεύγους στίχων (||). Τέλος, στις περιπτώσεις όπου το κείμενο ήταν ιδιαίτερα ξεθωριασμένο ή η σελίδα ήταν κατεστραμμένη και όχι αναγνώσιμη, προστέθηκε μια παύλα εντός αγκυλών ([-]) για να υποδείξει την απώλεια κειμένου.

Μετά την αποδελτίωση, το κείμενο μεταφράστηκε στα αγγλικά. Και σε αυτό το στάδιο ο στόχος ήταν να αναπαραχθεί ο χαρακτήρας του πρωτοτύπου, μέσω μιας μετάφρασης όσο κοντινής γινόταν στο ύφος του. Μολονότι αυτό ήταν δυνατό όσον αφορά την επιλογή του λεξιλογίου, δεν κρίθηκε σκόπιμο να αποφύγουμε

addition of single vertical bars (|) to mark the end of a verse and double bars to mark the end of each pair of verses (||). Finally, in those cases where the text was too blurry or the page was damaged and not legible, a dash in brackets ([-]) was added to mark missing text.

After being transcribed, the text was translated into English. At this stage again the purpose was to reproduce the character of the original, by offering an English translation as close to its style as possible. While that was possible in terms of selection of vocabulary, it was no longer reasonable to avoid the slightest intervention, when it came to syntax and punctuation. Translating names of settlements and locations was rather challenging. When dealing with well-known places, such as Athens (Αθήνα), Smyrna (Σμύρνη), or the Straits of Dardanelles (Στενά των Δαρδανελλίων), we used the modern English names. However, with the rest of the places mentioned in the diary we followed a different method: despite orthographical errors found in the original, we transliterated the standard Greek name into Latin characters. For instance, we used "Raidestos" (<Gr. "Ραιδεστός"), although the original's orthography mistakenly said "Ρεδεστός" and the town's modern name in Turkish is "Tekirdağ."

The third stage of editing was the addition of comments in footnotes, to clarify the text or provide information useful

μια περιορισμένη παρέμβαση, όταν επρόκειτο για τη σύνταξη και τη στίξη. Η μετάφραση οικισμών και τοποθεσιών συνάντησε προκλήσεις. Όταν επρόκειτο για γνωστές τοποθεσίες, όπως η Αθήνα, η Σμύρνη ή τα Στενά των Δαρδανελλίων, χρησιμοποιήσαμε τη σύγχρονη αγγλική ονομασία (π.χ. Athens, Smyrna, Straits of Dardanelles). Ωστόσο, για τις υπόλοιπες τοποθεσίες που αναφέρονται στο ημερολόγιο ακολουθήσαμε μια διαφορετική μέθοδο: παρά τα ορθογραφικά σφάλματα που εντοπίζονται στο πρωτότυπο, μεταγράψαμε την παγιωμένη ελληνική ονομασία με λατινικούς χαρακτήρες. Για παράδειγμα, χρησιμοποιήσαμε την ορθογραφία «Ραιδεστός» (αγγλ. «Raidestos»), μολονότι η ορθογραφία του πρωτοτύπου είναι «Ρεδεστός» και το σημερινό τουρκικό όνομα είναι «Tekirdağ».

Το τρίτο στάδιο της επιμέλειας ήταν φυσικά η προσθήκη σχολίων σε υποσημειώσεις, για την αποσαφήνιση του κειμένου και την παροχή πληροφοριών χρήσιμων στον αναγνώστη: διορθωμένα τοπωνύμια, γεωγραφικές πληροφορίες, σημειώσεις για ιστορικά πρόσωπα κλπ. Χρησιμοποιώντας ξανά το παράδειγμα της Ραιδεστού, το τοπωνύμιο συνοδεύεται από υποσημείωση που περιλαμβάνει το σύγχρονο τουρκικό όνομα και στοιχεία για την γεωγραφική θέση της πόλης.

to the reader: correct place names, geographical information, notes about historical figures etc. To use the example of "Raidestos" again, the place name is accompanied by a footnote which includes the modern Turkish name and a note about its location.

Γλώσσα και Ύφος

Η γλώσσα και το ύφος του πρωτοτύπου κειμένου στα ελληνικά παρουσιάζουν ιδιαίτερο ενδιαφέρον, καθώς αποκαλύπτουν δύο πλευρές της προσωπικότητας του Παντελή και της αντίληψης της πολεμικής του εμπειρίας.

Οι κυρίως ημερολογιακές του καταχωρίσεις, όπου διηγείται τη δραστηριότητα της στρατιωτικής του μονάδας, είναι γραμμένες στην επίσημη «καθαρεύουσα» γλώσσα, τόσο από άποψη λεξιλογίου όσο και γραμματικής. Ωστόσο, το κείμενό του, γεμάτο από σφάλματα σε γραμματική, σύνταξη και στίξη, προδίδει το χαμηλό μορφωτικό επίπεδο του Παντελή. Είκοσι ετών όταν κατετάγη στο στρατό και ξεκίνησε να χρησιμοποιεί το σημειωματάριο, ο Παντελής αξιοποίησε όσα ελληνικά είχε διδαχθεί στο σχολείο. Γίνεται εμφανές από το κείμενο ότι κατέβαλλε μεγάλη προσπάθεια για να γράψει σωστά, ωστόσο, υστερούσε σημαντικά στην απαραίτητη γνώση και εξάσκηση. Παρά τα λάθη όμως, η χρήση της «καθαρεύουσας» συμβαδίζει με τον επικό και στρατιωτικό τόνο που ήθελε να προσδώσει στη διήγησή του. Μικρές, αυστηρές προτάσεις, λιτές πληροφορίες για τη στρατιωτική δραστηριότητα της κάθε ημέρας, απουσία προσωπικών σχολίων ή σκέψεων, δίνουν την εντύπωση ενός χρονικογράφου, ενός επικού συγγραφέα που διηγείται τις εξελίξεις του πολέμου, πράγμα που ίσως είναι αποτέλεσμα μιας ενδότερης ανάγκης να υποστασιοποιήσει -ή να απαθανατίσει- τη συμμετοχή

Language & Style

The language and style of the original text in Greek are of great interest, as they reveal two dimensions of Pantelis's personality and perception of his wartime experience.

His main diary entries, where he narrates the activity of his military unit, are written in the formal "katharevousa" language, both in terms of vocabulary and in terms of grammar. Nevertheless, his text, ample of errors in grammar, syntax, and punctuation, betrays Pantelis's low educational level. A 20-year-old when he entered the military and first used his notebook, Pantelis was employing whatever Greek he had been taught at school. It is evident from the text that he was trying hard to write properly, however, he significantly lacked in the necessary knowledge and training. Despite the errors though, the use of the "katharevousa" follows the epic and military tone that he wished to add to his narration. Small, austere sentences, simple information about each day's military activity, no personal comments or thoughts give the impression of a chronicler, an epic writer narrating the development of the war, maybe with the inner need to materialize -or immortalize- his participation. Interestingly, it seems that Pantelis allowed himself a more personal comment only in the very last page of his diary entries: "Now the problem is not the rain, but hunger and sleeplessness. Poor soldier,

του. Είναι ενδιαφέρον ότι ο Παντελής φαίνεται να επέτρεψε στον εαυτό του ένα πιο προσωπικό σχόλιο μόνο στην τελευταία σελίδα του ημερολογίου του: «τώρα δέν εἶναι ἡ βροχή εἶναι ποῦ ἔκοβε λόρδα καί αἰπνίλα καί ποῦ να κημηθοῖς ρέ φουκαρά φαντάρε ποῦ ἡ λάσπη εἶναι γῶνα. πιό δρμόμο θέλης πάρε». Ίσως να μην είναι σύμπτωση που η διήγησή του τελείωσε απότομα λίγο μετά από αυτήν την πρόταση. Ίσως πια ο επικός μας συγγραφέας, ένας φλογερός, νεαρός φιλοβασιλικός με υψηλές προσδοκίες για τον πόλεμο, να είχε απογοητευτεί.

Αυτός πάντως ο αυστηρός, επικός τόνος με τη χρήση της «καθαρεύουσας» δεν απαντάται στα ποιήματα του Παντελή. Εκεί προτιμά να χρησιμοποιεί τη «δημοτική», τη σύγχρονή του καθομιλουμένη μορφή της γλώσσας. Στα ποιήματα δίνει στον εαυτό του την ευκαιρία να εκφράσει, άλλοτε με χιουμοριστικό κι άλλο με δραματικό τόνο, προσωπικά συναισθήματα και σκέψεις: το φόβο του θανάτου στον πόλεμο, τη νοσταλγία για την οικογένειά του, τις κακουχίες του πολέμου, τη λατρεία του προς το βασιλιά του και τις λαμπρές του προσδοκίες για την έκβαση του πολέμου, το μίσος του προς το Βενιζέλο και τους υποστηρικτές του, τα δεινά του Εθνικού Διχασμού, τη χαρά του για την ήττα του Βενιζέλου στις εκλογές και την πολυαναμενόμενη επιστροφή του Κωνσταντίνου. Τα τελευταία του ποιήματα, που φαίνεται να χρονολογούνται στις αρχές του Ιουνίου του 1921, μεταφέρουν τη βαθιά του μελαγχολία και την αποστροφή του προς τον

where can you sleep now that mud reaches your knee? Take whichever way you want." Maybe it is not a coincidence that his narration ended abruptly after his next sentence. By that time, our epic writer, an young, ardent royalist with high expectations about the war, was perhaps disappointed.

This austere, epic tone with the use of "katharevousa" is not found in Pantelis's poems. There, he prefers to use "dimotiki," his contemporary standard spoken form of the language. In the poems, he grants himself the opportunity to express, sometimes with a humorous and sometimes with a dramatic tone, personal feelings and thoughts: his fear of being killed in the war, his homesickness, wartime hardships, his adoration for his King and glorious expectations for the outcome of the war, his hatred towards Venizelos and his supporters, the sufferings of the National Schism, his joy for Venizelos's defeat in the elections and Constantine's expected return. His last poems, which seem to be dated around early June 1921, convey his deep melancholy and aversion for his wartime service. The young epic writer with the pompous military tone feels despair and decay: "Without you, my mother, I cannot survive / and poor me, I want to desert from the army. /"

The vehicle of the freedom of expression in Pantelis's poems was no other than the poetic meter that is proper to the Greek language: the "decapentasyllabic" verse. This iambic verse of

πόλεμο και τη δική του συμμετοχή σε αυτόν. Ο νεαρός επικός συγγραφέας με τον πομπώδη στρατιωτικό τόνο νιώθει απόγνωση και φθορά: «χωρίς σέ σένα μάνα μου δέν ἠμπορῶ νά ζήσω. | καί ἀπ' τῶ στρατῷ ὁ δυστυχής θέλω ἀλιποταχθήσω».

Το όχημα για την ελευθερία στην έκφραση στα ποιήματα του Παντελή δεν ήταν άλλο από το ποιητικό μέτρο που είναι έμφυτο στην ελληνική γλώσσα: το δεκαπεντασύλλαβο στίχο. Αυτός ο ιαμβικός στίχος δεκαπέντε συλλαβών, με ή χωρίς ρίμα και συχνά οργανωμένος σε δίστιχα, έχει αποτελέσει το κύριο μέτρο της ελληνικής λαϊκής και παραδοσιακής ποίησης από τον 9ο αιώνα μ.Χ.. Συνιστά το φυσικό μέτρο της νέας ελληνικής γλώσσας και ακολουθώντας το ρυθμό της αναπνοής είναι εξαιρετικά οικείο και προκύπτει αβίαστα. Με αυτό το ποιητικό ύφος, τον τόνο και τη γλώσσα, ο Παντελής γράφει ποιήματα, τα οποία, αν και δεν είναι υψηλής ποιητικής αξίας, επικοινωνούν πολλά περισσότερα από ό,τι οι τυπικές του ημερολογιακές καταχωρίσεις. Επισημαίνεται η προσωπική διάσταση του στρατιώτη, επιτρέποντάς μας την πρόσβαση στον «κόσμο» όχι ενός ατόμου μόνο, μα μιας ολόκληρης εποχής και κοινωνίας.

fifteen syllables, with or without rhyme and often organized in pairs, has served as the main meter of Greek traditional popular and folk poetry since the 9th century AD. It constitutes the natural meter of the modern Greek language and following the rhythm of the breath it is very familiar to the speaker and occurs effortlessly. With this poetic style, tone, and language, Pantelis writes poems, which, while not being of high poetic value, communicate way more than his standard diary entries. The personal dimension of the soldier is highlighted, allowing us to access the "world" not only of himself as an individual, but also of an entire era and society.

Ιστορικό Σημείωμα

Ο Παντελής Καρατασάκης γεννήθηκε το 1898 στα βουνά της Αρκαδίας, στο μικρό χωριό της Γρανίτσας (που το 1927 μετονομάστηκε σε Νυμφασία), το οποίο, μαζί με τον μικρό οικισμό του Γκιούσι, είχε έναν πληθυσμό 528 κατοίκων την εποχή εκείνη.[2]

Τα χρόνια εκείνα δεν ήταν εύκολα. Ένα μόλις χρόνο πριν τη γέννηση του Παντελή, η Ελλάδα είχε ταπεινωθεί σε μια σύντομη στρατιωτική επίθεση –το λεγόμενο «Ατυχή Πόλεμο»- εναντίον της Οθωμανικής Αυτοκρατορίας, η οποία κατέφερε ένα ακόμη πλήγμα στο ηθικό του πληθυσμού, μετά τη χρεοκοπία του 1893. Όλο και περισσότερο, το αίτημα για συνολικές πολιτικές, οικονομικές, στρατιωτικές και κρατικές μεταρρυθμίσεις σιγόβραζε, ειδικά στα αστικά κέντρα. Η μοναρχία, επίσης, στοχοποιείτο εξαιτίας των διαρκών παρεμβάσεων στα στρατιωτικά και πολιτικά πράγματα. Αυτή η γενική απογοήτευση για το κατεστημένο πολιτικό σύστημα οδήγησε στο κίνημα στο Γουδή το 1909 και, εν τέλει, στην πρόσκληση προς τον έμπειρο πολιτικό και τότε Πρωθυπουργό της Κρήτης, Ελευθέριο Βενιζέλο, να αναλάβει την πρωθυπουργία στην Ελλάδα. Ο Βενιζέλος απέρριψε την πρόταση εκείνη, ωστόσο, μετέβη στην Αθήνα, ίδρυσε ένα νέο κόμμα («Κόμμα Φιλελευθέρων») και αναδείχθηκε νικητής στις

---

2 Υπουργείο των Εσωτερικών του Βασιλείου της Ελλάδος, *Στατιστικά αποτελέσματα της απογραφής του πληθυσμού κατά την 5η-6η Οκτωβρίου 1896*, Αθήνα: 1897, Τ. 1, σ.69.

Historical Note

Pantelis Karatasakis was born in 1898 high in the mountains of Arcadia in the small village of Granitsa (which in 1927 was renamed to Nymfasia), which, together with the even smaller village of Gkiousi, hosted a population of 528 people at that time.[2] Those years were not easy. Only one year prior to Pantelis's birth, Greece had been humiliated in a brief military aggression - the so-called "Unfortunate War" - against the Ottoman Empire, leading to another moral disappointment of the population, after the 1893 bankruptcy. More and more, a demand for overall political, economic, military and state reforms was simmering, especially in urban centers. The monarchy was also targeted for its constant interventions in military and foreign affairs. That general disillusionment with the established political system led to the Goudi coup in 1909 and the eventual invitation to the experienced politician and then Prime Minister of Crete, Eleftherios Venizelos, to take the office of Prime Minister of Greece. Venizelos rejected that proposal, however, and came to Athens, founded a new party ("Party of the Liberals") and won the 1910 elections.

Venizelos got along well with King George I and in the years that followed his election was able to proceed with overall reformations. At the same time, he was able to successfully

2 Ministry of Interior of the Kingdom of Greece, *Statistical Results of the Population Census of October 5-6, 1896,* Athens: 1897, V. 1, p.69.

εκλογές του 1910.

Ο Βενιζέλος είχε μια ισορροπημένη σχέση με το βασιλιά Γεώργιο Α' και στα χρόνια που ακολούθησαν την εκλογή του είχε τη δυνατότητα να προχωρήσει συνολικές μεταρρυθμίσεις. Ταυτόχρονα, κατάφερε να οδηγήσει επιτυχώς την Ελλάδα στους Βαλκανικούς Πολέμους (1912-1913) με σημαντικά εδαφικά κέρδη (Κρήτη, Ήπειρος, Μακεδονία, και νησιά του Ανατολικού Αιγαίου).

Ωστόσο, με την ανάρρηση του βασιλιά Κωνσταντίνου Α' στην εξουσία το 1913 η κατάσταση άλλαξε με περισσότερες παρεμβάσεις από το Παλάτι και ένα κεντρικό σημείο διαφωνίας: τη συμμετοχή της Ελλάδας στον Α' Παγκόσμιο Πόλεμο. Ενώ ο Βενιζέλος ήθελε η χώρα να συνεργαστεί με τις δυνάμεις της Entente ήδη από το 1915, ο Κωνσταντίνος υποστήριζε την ουδετερότητα, μια στάση ευνοϊκή προς τις Κεντρικές Δυνάμεις. Η επιμονή του Κωνσταντίνου οδήγησε στην παραίτηση του Βενιζέλου και στις εκλογές του Μαΐου του 1915. Τη νίκη του Βενιζέλου ακολούθησε ένας ακόμη γύρος επιμονής και παραίτησης και εν τέλει το Κόμμα των Φιλελευθέρων αποφάσισε να απόσχει από τις εκλογές του Δεκεμβρίου του 1915. Ο «Εθνικός Διχασμός» είχε ξεκινήσει με την ανάρρηση στην εξουσία μιας φιλοβασιλικής κυβέρνησης που υστερούσε σε λαϊκή υποστήριξη.[3]

3 Σχετικά με τον Εθνικό Διχασμό, βλ.: Γ. Μαυρογορδάτος, *1915: Ο Εθνικός Διχασμός*, Πατάκης, Αθήνα: 2015; E. Driault, *Κωνσταντίνος και*

lead Greece in the Balkan Wars (1912-1913) with significant territorial gains (Crete, Epirus, Macedonia, and many islands in the Eastern Aegean).

Nevertheless, with the rise of King Constantine I to power in 1913, the situation changed, with more interventions by the Palace and a crucial point of disagreement: the participation of Greece in the First World War. While Venizelos wanted Greece to join the Entente Powers already since 1915, Constantine supported neutrality, a position favorable towards the Central Powers. Constantine's insistence led to Venizelos's abdication and elections in May 1915. A victory of Venizelos was followed by another round of insistence and abdication and eventually the "Party of the Liberals" abstained from the elections of December 1915. The "National Schism" had started with the rise to power of a new royalist government, which however lacked popular support.[3] Venizelos went to Thessaloniki and formed a separate government there, while in Athens, "Liberals" were persecuted. The Entente occupied Piraeus and forced the King to leave Greece in June 1917. Venizelos and his government returned to Athens and officially joined the Entente. At the same time, thou-

3 Further reading on the National Schism, see: G. Mavrogordatos, *1915, The National Schism*, Patakis, Athens: 2015 (in Greek); E. Driault, *Constantine and Venizelos*, Logothetis, Athens: 2010 (in Greek); also, R. Clogg, *A Concise History of Greece*, Cambridge University Press, Cambridge: 2021.

Ο Βενιζέλος μετέβη στη Θεσσαλονίκη και οργάνωσε εκεί ξεχωριστή κυβέρνηση, ενώ στην Αθήνα οι «Φιλελεύθεροι» διώκονταν. Η Entente κατέλαβε τον Πειραιά και ανάγκασε το Βασιλιά να εγκαταλείψει την Ελλάδα τον Ιούνιο του 1917. Ο Βενιζέλος και η κυβέρνησή του επέστρεψαν στην Αθήνα και επισήμως τάχθηκαν στο πλευρό των Συμμάχων. Παράλληλα, χιλιάδες δημόσιοι υπάλληλοι, αξιωματικοί και πολιτικοί απολύθηκαν, διώχθηκαν ή εκτοπίστηκαν ως υποστηρικτές του Βασιλιά.

Το αστικό αίτημα για μεταρρύθμιση δεν είχε μεγάλη απήχηση στη συντηρητική αγροτική Αρκαδία, όπου η στήριξη στο Βασιλιά ήταν προφανής, όπως ίσχυε γενικότερα για την Πελοπόννησο. Σύμφωνα με τα εκλογικά αποτελέσματα του Μαΐου του 1915 που δημοσιεύτηκαν στην εφημερίδα Σκριπ, μόνο αντι-Βενιζελικοί υποψήφιοι έλαβαν ψήφους εκεί όπου ζούσε ο Παντελής.[4] Πρωτοσέλιδα της ίδιας εφημερίδας είναι αρκετά ενδεικτικά για την πολιτική ατμόσφαιρα της περιόδου:

«ΑΝΑΞΙΟΙ ΤΗΣ ΕΜΠΙΣΤΟΣΥΝΗΣ ΤΟΥ ΛΑΟΥ ΩΣ ΕΧΘΡΟΙ ΤΟΥ ΒΑΣΙΛΕΩΣ ΚΑΙ ΤΟΥ ΠΟΛΙΤΕΥΜΑΤΟΣ».[5] «ΥΠΟΠΤΟΣ ΚΑΙ ΕΠΙΚΙΝΔΥΝΟΣ ΕΙΣ ΤΟ ΠΟΛΙΤΕΥΜΑ, ΤΟ ΕΘΝΟΣ

Βενιζέλος, Λογοθέτης, Αθήνα: 2010· επίσης, R. Clogg, *A Concise History of Greece*, Cambridge University Press, Cambridge: 2021.

4 *Σκριπ*, 1 Ιουνίου 1915, σ. 4.

5 *Σκριπ*, 3 Ιουλίου 1915, σ. 1.

sands of state employees, army officers and politicians were fired, persecuted, and displaced as supporters of the King.

The urban demand for reform did not appeal so much to conservative rural Arcadia, where support for the King was obvious, as was generally true for the Peloponnese. According to the May 1915 election results published in the Skrip newspaper, only anti-Venizelist candidates were elected where Pantelis lived.[4] Front-page titles on the same newspaper are quite indicative of the period's political atmosphere:

"UNWORTHY OF PEOPLE'S TRUST AS ENEMIES OF THE KING AND THE POLITY";[5] "SUSPICIOUS AND DANGEROUS TO THE POLITY, THE NATION AND THE KING";[6] "HE COMES BACKS DECLARING REVOLUTION AND THREATENING THE KING."[7]

This civil-war-like climate did not change, of course, after Constantine's displacement from Greece; however, Venizelos and his supporters now enjoyed a de-facto domination. As the First World War came to an end in 1918, the future of Europe started to be negotiated. In August 1920, Venizelos reached the zenith of his diplomatic success with the Treaty

4 *Skrip*, June 1st, 1915, p. 4.
5 *Skrip*, July 3rd, 1915, p. 1.
6 *Skrip*, July 4th, 1915, p. 1.
7 *Skrip*, July 5th, 1915, p. 1.

ΚΑΙ ΤΟΝ ΒΑΣΙΛΕΑ»,[6] «ΕΠΑΝΕΡΧΕΤΑΙ ΚΗΡΥΣΣΩΝ ΕΠΑΝΑΣΤΑΣΙΝ ΚΑΙ ΑΠΕΙΛΩΝ ΤΟΝ ΒΑΣΙΛΕΑ».[7]

Το εμφυλιοπολεμικό αυτό κλίμα δεν άλλαξε, φυσικά, μετά την έξωση του Κωνσταντίνου από την Ελλάδα· ωστόσο, ο Βενιζέλος και οι υποστηρικτές του απολάμβαναν πλέον μια de-facto κυριαρχία. Καθώς ο Α' Παγκόσμιος Πόελμος έφτασε στο τέλος του το 1918, το μέλλον της Ευρώπης άρχισε να γίνεται αντικείμενο διαπραγμάτευσης. Τον Αύγουστο του 1920, ο Βενιζέλος έφτασε στο απόγειο της διπλωματικής του επιτυχίας με τη Συνθήκη των Σεβρών, που συμφωνήθηκε μεταξύ των Συμμάχων και της Οθωμανικής Αυτοκρατορίας. Η Συνθήκη εξασφάλισε για την Ελλάδα την Ανατολική Θράκη (έως λίγα χιλιόμετρα πέριξ της Κωνσταντινούπολης), καθώς και τα νησιά της Ίμβρου και της Τενέδου. Επιπλέον, προσέφερε στην Ελλάδα προσωρινά κυριαρχικά δικαιώματα στην περιοχή της Σμύρνης. Η «Μεγάλη Ιδέα» μιας Ελλάδας που εκτείνεται σε όλες τις περιοχές με σημαντικούς ελληνικούς «αλύτρωτους» πληθυσμούς είχε τώρα πραγματοποιηθεί χάρη στη διπλωματική διάνοια του Βενιζέλου. Ωστόσο, ο μεγάλος διπλωμάτης ξαφνιάστηκε όταν το Νοέμβριο του ίδιου έτους το Κόμμα του συνετρίβη από την «Ηνωμένη Αντιπολίτευση» και ούτε ο ίδιος δεν κατάφερε να εκλεγεί. Ταχύτατα, η νέα κυβέρνηση οργάνωσε δημοψήφισμα για την επιστροφή του Κωνσταντίνου. Οι Φιλελεύθεροι απείχαν, ο

6 *Σκριπ*, 4 Ιουλίου 1915, σ. 1.

7 *Σκριπ*, 5 Ιουλίου 1915, σ. 1.

of Sevres, which was agreed between the Allies and the Ottoman Empire. The Treaty granted to Greece Eastern Thrace (up to a few kilometers away from Constantinople), as well as the islands of Imvros and Tenedos. Moreover, it offered Greece temporary sovereignty rights over the area of Smyrna. The "Great Idea" of a Greece extending to all the areas where significant Greek populations resided had been realized thanks to the diplomatic genius of Venizelos. Nevertheless, the great diplomat was surprised when in November of the same year his party was crushed by the united opposition, and not even he himself was elected. Speedily, the opposition organized a referendum for the return of Constantine. "Liberals" abstained, Constantine returned, and Venizelos left the country.

A few poems of Pantelis dated around November 1920 convey the atmosphere of those days from a royalist's perspective. Pantelis is ecstatic for the outcome of the elections: he writes about his admiration towards the King, who, in his eyes, is a "martyr and father," the symbol of the nation's glory and continuator of the legacy of the last Byzantine Emperor, Constantine Palaeologus, and Constantine the Great! The poems are accompanied by a drawing in honor of the King.

On December 1st, a few days before the referendum, another poem calls the people of Greece - or maybe those like-minded

Κωνσταντίνος επέστρεψε και ο Βενιζέλος εγκατέλειψε τη χώρα.

Ορισμένα ποιήματα του Παντελή που χρονολογούνται στο Νοέμβριο του 1920 μεταφέρουν την ατμόσφαιρα εκείνων των ημερών από τη σκοπιά ενός βασιλόφρονα. Ο Παντελής ήταν εκστασιασμένος για το αποτέλεσμα των εκλογών: γράφει για το θαυμασμό του προς το Βασιλιά, ο οποίος στα μάτια του ήταν «σωτήρας και πατέρας», το σύμβολο της δόξας του έθνους και συνεχιστής της κληρονομιάς του τελευταίου βυζαντινού Αυτοκράτορα, Κωνσταντίνου Παλαιολόγου, και του Κωνσταντίνου του Μέγα! Τα ποιήματα συνοδεύονται μάλιστα από μια ζωγραφιά προς τιμήν του Βασιλιά.

Την 1η Δεκεμβρίου, λίγες μέρες πριν το δημοψήφισμα, ένα άλλο ποίημα καλούσε τους Έλληνες πολίτες -ή μάλλον τους ομοϊδεάτες του Παντελή- να πάψουν να θρηνούν για το παρελθόν και να διατρανώσουν την επιθυμία τους να έχουν πάλι πίσω το Βασιλιά τους. Ο Βασιλιάς επιστρέφει και ο Παντελής νιώθει πια ελεύθερος να ξεσπάσει, ξεδιπλώνοντας όλη του την οργή εναντίον της καταπίεσης του «καταραμένου» Βενιζέλου και των υποστηρικτών του. Εμφορούμενα από τέτοιο πάθος, τα ποιήματα αυτά μάς επιτρέπουν να συλλάβουμε πραγματικά την «πραγματική αίσθηση» του Εθνικού Διχασμού, το βαθύ κενό που διαιρούσε την ελληνική κοινωνία της εποχής, μαζί με τις φιλοδοξίες και τις ψευδαισθήσεις της κάθε πλευράς.

- to quit mourning about the past and declare their desire to have their King back. The King returns and Pantelis now feels free to unleash, unfolding all his fury against the oppression of "damn" Venizelos and his supporters. Being so passionate, these poems allow us to really comprehend the "real feeling" of the National Schism, the deep gap dividing Greek society at that time, along with the aspirations and illusions of each side.

Upon his return to Greece and the throne, Constantine made a historic decision which was to mark not only the outcome of the war but also the future of Hellenism: expand Greek control over not only the area of Smyrna but also deeper into Asia Minor. At the end of May 1921, Constantine arrived in Smyrna - Pantelis had arrived with his unit the day before - and a few days later the army started to advance eastwards. From then on, Pantelis's narration travels through the depths of Asia Minor; then talks about all the great victorious battles in Kioutacheia, Eski-Sechir and Afyonkarahisar, the testing and baneful march towards Ankara and eventually the retreat. By that time, our young, proud epic writer seems to be disillusioned, having realized the risk of the undertaking. Right before the retreat, he feels grateful for having survived thus far, while the abrupt end of his narration in mid-September 1921 follows comments of despair and disappointment.[8]

8 Further reading on the Asia Minor Campaign: M. Llewellyn-Smith,

Μετά την επιστροφή του στην Ελλάδα και το θρόνο, ο Κωνσταντίνος έλαβε μια ιστορική απόφαση, που έμελλε να σημαδέψει όχι μόνο την έκβαση του πολέμου, αλλά και το μέλλον του Ελληνισμού: να επεκτείνει τον ελληνικό έλεγχο όχι μόνο στην περιοχή της Σμύρνης, αλλά και στα ενδότερα της Μικράς Ασίας. Στα τέλη του Μαΐου του 1921, ο Κωνσταντίνος έφτασε στη Σμύρνα -ο Παντελής είχε φτάσει με το στρατιωτικό του σώμα την προηγούμενη ημέρα- και λίγες μέρες αργότερα ο στρατός ξεκίνησε να προελαύνει προς τα ανατολικά. Από το σημείο εκείνο, η διήγηση του Παντελή μάς ταξιδεύει μέσα στα βάθη στης Μικράς Ασίας· έπειτα αναφέρεται στις μεγάλες νικηφόρες μάχες στην Κιουτάχεια, το Εσκί Σεχίρ και το Αφιόν Καραχισάρ, την εξαντλητική και ολέθρια πορεία προς την Άγκυρα και εν τέλει την υποχώρηση του στρατού. Εκείνη πλέον τη στιγμή ο νεαρός, περήφανος επικός συγγραφέας φαίνεται προσγειωμένος, έχοντας αντιληφθεί πια το ρίσκο του εγχειρήματος. Αμέσως πριν την υποχώρηση, δηλώνει ευγνώμων για το ότι είχε ως τότε επιβιώσει, ενώ το απότομο τέλος της διήγησής του στα μέσα του Σεπτεμβρίου του 1921 ακολουθεί σχόλια απόγνωσης και απογοήτευσης.[8]

---

8 Σχετικά με τη Μικρασιατική Εκστρατεία, βλ. M. Llewellyn-Smith, *Ionian Vision: Greece in Asia Minor, 1919-1922*, Hurst, Λονδίνο: 1998; K. Travlos (ed.), *The Greek-Turkish War, 1919–1922*, Lexington Books, Λονδίνο: 2020; επίσης, R. Clogg, *A Concise History of Greece*, Cambridge University Press, Cambridge: 2021.

Maybe it was that disappointment which discouraged him from continuing his narration. Maybe he found himself in grave danger and writing was no longer a realistic option. While we cannot know why he ended the narration, one thing is certain: his paradoxical loyalty to the monarchy until the end of his life. In this sense, maybe the end of the narration coincides with the beginning of a disillusioned society's "denial," as a psychological defense mechanism, of what had happened and what was at stake.

Less than a year later, Asia Minor Hellenism would reach its end, abruptly and violently, following the defeat of the Greek army in August 1922 and the Convention for the Exchange of Populations in January 1923, proving the vanity of that war in the worst way possible. But this vanity permeates the entire diary and perhaps exposes the illusions and pathogenies of the entire Greek society of that time: the gap between the common spoken language, in which people can speak their true mind and express their feelings, and a formal and artificial one, which they struggle to master; the total schism in which the nation found itself because of political conflicts; the disapproval of the "Great Idea" soon after its realization thanks to the diplomatic skills of Venizelos; the

---

Ionian Vision: Greece in Asia Minor, 1919-1922, Hurst, London: 1998; K. Travlos (ed.), *The Greek-Turkish War, 1919–1922*, Lexington Books, London: 2020; also, R. Clogg, *A Concise History of Greece*, Cambridge University Press, Cambridge: 2021.

Ίσως να ήταν η απογοήτευση αυτή που τον αποθάρρυνε από το να συνεχίσει τη διήγησή του. Ίσως να βρέθηκε σε μεγάλο κίνδυνο και η συγγραφή να μην ήταν πια μια ρεαλιστική επιλογή. Μολονότι δεν είμαστε σε θέση να γνωρίζουμε γιατί σταμάτησε τη διήγηση, ένα πράγμα είναι βέβαιο: η παράδοξη αφοσίωσή του στη μοναρχία μέχρι το τέλος της ζωής του. Κατ' αυτήν την έννοια, ίσως το τέλος της διήγησης συμπίπτει με την αρχή της «άρνησης», ως ψυχολογικού μηχανισμού άμυνας, μιας κοινωνίας απογοητευμένης με αυτό που είχε συμβεί και με αυτό που διακυβευόταν.

Λιγότερο από ένα χρόνο μετά, ο μικρασιατικός Ελληνισμός θα έφτανε στο τέλος του, απότομα και βίαια, ως συνέπεια της ήττας του ελληνικού στρατού τον Αύγουστο του 1922 και της Σύμβασης για την Ανταλλαγή των Πληθυσμών του Ιανουαρίου του 1923, αποδεικνύοντας με το χειρότερο τρόπο τη ματαιότητα εκείνου του πολέμου. Αλλά αυτή η ματαιότητα διακατέχει ολόκληρο το ημερολόγιο και ίσως να εκθέτει τις ψευδαισθήσεις και παθογένειες ολόκληρης της ελληνικής κοινωνίας της εποχής: το κενό ανάμεσα στην κοινώς ομιλούμενη γλώσσα, στην οποία οι άνθρωποι μπορούν να εκφραστούν και να επικοινωνήσουν τα συναισθήματά τους, και σε μια επίσημη και τεχνητή, την οποία παλεύουν να κατακτήσουν· το πλήρες χάσμα μέσα στο οποίο βρέθηκε το έθνος λόγω πολιτικών συγκρούσεων· η απόρριψη της Μεγάλης Ιδέας λίγο μετά την υλοποίησή της χάρη στη

idea of the heroic participation and epic narration of a futile war little understood; the "denial" following people's failed expectations, and all the oxymorons in people's pursue of happiness "as long as human nature is the same".[9]

Gregory P. Kontos

Athens, December 2023

Historian & Founder of Greek Ancestry

9 Thucydides, *Historiae*, 3.82.2.

διπλωματική ικανότητα του Βενιζέλου· η ιδέα της ηρωικής συμμετοχής και της επικής διήγησης ενός μάταιου πολέμου, η κατανόηση του οποίου, επιπλέον, ήταν ελλιπής· η «άρνηση» που ακολούθησε τις ματαιωμένες προσδοκίες ενός λαού, και όλα τα οξύμωρα στην αναζήτηση των ανθρώπων για ευτυχία «ἕως ἂν ἡ αὐτὴ φύσις ἀνθρώπων ᾖ».[9]

Γρηγόρης Π. Κόντος

Αθήνα, Δεκέμβριος 2023

Ιστορικός & Ιδρυτής της Greek Ancestry

9 Θουκυδίδης, *Ιστορίαι*, 3.82.2.

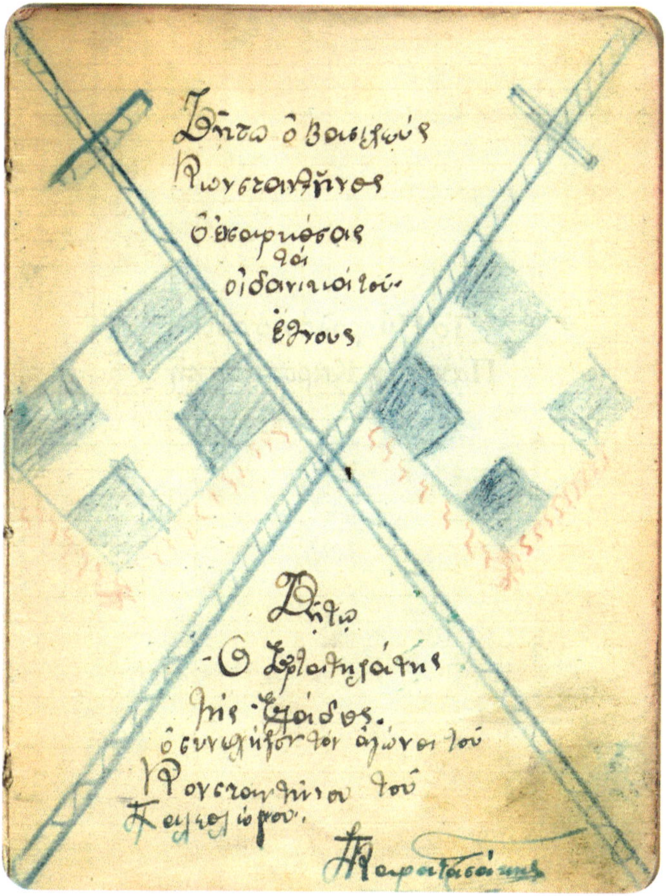

Long live King Constantine, he who incarnates the ideals of the nation.

Long live the great general of Hellas, the continuator of the mission of Constantine Palaeologus.

Το Ημερολόγιο του Παντελή Καρατασάκη

The Diary of Pantelis Karatasakis

[6]

Έν Γρανίτσῃ τῇ 27 Ἰουνίου 1918

Κατετάχθην Στρατιώτης εἶς τῷ ναύπληον εἶς τάς 27 Ἰουνίου τῷ ἔτος 1918

Π. Καρατασάκης

[6]

Granitsa, on June 27th, 1918

I was enrolled as a soldier in Nafplio, on June 27th of year 1918

P. Karatasakis

[7]

Εἶς τάς 8 Ἀπριλίου τῷ ἔτος 1919

ἀνεχώρισα ἐξ ἀθηνῶν διά τῷ μέτοπον. καί εἶς τῷ διάστημα 5 ἡμερών ἐφθάσαμαι εἶς τῇ Δράμα κατά τῷ μεσωνίκτυων καί ἀποβιβαστήκαμαι τήν πρωϊαν ἀνεχωρήσαμεν διά καί σταθμόν Ἀγκύστας[1] Παρά τήν μοίρα ὀρεί Πυρ/κοῦ Α^{η} Πυρ/χία, ἐνῷ ἐμείναμαι ἐκεῖ ὀλίγες ἡμέραις ἀδυνατούτες νά ὑποφέρωμεν ἀπό τό ψύχος ἠσήλθαμεν εἶς τά οἰκίματα εἶς χωρίον Αἰγρηδερέ[2] ἐνῷ ἐμήναμαι καί ἐκεῖ ὀλίγαις ἡμέραις ἀφηχθείκαμαι εἶς χωρίον Πλεούνα[3] ἐπῆ ἕνα μήνα καί ἐν τῷ διαστήματη ὅπου εὑρισκόμεθα εἶς τῇ Πεύνα ἐκατεβήκαμαι εἶς τῇ δράμα ἡνα κάνωμαι βολῆ καθώς ἐκάναμε βολῇ 16 ἡμέραις καί πάλιν ἤλθαμεν εἶς τῷ 7 χιλιόμετρο

1 Σιδηροδρομικός σταθμός στην Αγγίστα Σερρών. Κατασκευασμένος σε γαλλικά σχέδια το 1894, ο σταθμός αποτελούσε τμήμα του οθωμανικού σιδηροδρομικού δικτύου της Μακεδονίας.

2 Χωριό του νομού Σερρών, πλησίον της Ζίχνης. Το 1921 μετονομάστηκε σε «Καλλιθέα».

3 Χωριό του νομού Δράμας. Το 1927 μετονομάστηκε σε «Πετρούσα».

[7]

On April 8th of year 1919

I departed from Athens to the front. And in 5-days' time we arrived in Drama at midnight, and we disembarked. In the morning, we departed for Aggista Station[1] and the mountain artillery squadron of Battery A'. We stayed there for a few days, but being unable to bear the cold, we entered the houses in the village of Egridere.[2] After we stayed there for a few days as well, we arrived in Plevna[3] and stayed there for a month. During the time we were in Plevna we went down to Drama to practice shooting. We were practicing for 16 days and then we came back to the 7th kilometer again.

1 Railway station in Aggista, Serres. Constructed based on French plans in 1894, the station was part of the Ottoman railway network of Macedonia.

2 Village in the prefecture of Serres, close to Zichni. In 1921, it was renamed to "Kallithea."

3 Village in the prefecture of Drama. In 1927, it was renamed to "Petrousa."

[9]

καὶ άπο τῷ ἕβδωμο χιλιόμετρο ἐβαδήσαμεν διὰ ἐδρενετσίκ[4] καί ἐμήναμαι ἐκεῖ ἕνα μήνα ἐπήγα εἶς τάς ὄχας τοῦ νέστου Ποταμοῦ εἶς τὰ μπούκια.[5] καὶ ἀπό ἐκεῖ ἐπηστρέπψαμαι ὀπήσω διά τῷ χωρίον Σουρτσιλάρ[6] κατοικούνταις ἐν αὐτῷ τούρκοι.

καί ἀπό τῷ Σουρτσιλάρ σηδεροδρωμικός εἶς Σόροβιτς[7] καί ἐκεῖ ἐμήναμαι δύο μήναις καί ἀνεχωρίσαμεν διά Θεσσαλονίκη καί ἐκαταβληστίκαμαι εἶς τῇ Τούμπα καί ἀπό τήν τούμπα σηδηρ. ἐφθάσαμεν εἶς τήν Ξάνθην καί ἀπό τήν Ξάνθη ἐπή 10 ἡμέρας πορίας ἐφθάσαμαι εἶς τῷ δηδιμότηχον καί ἀπό τῷ διδημ. Σηροδρωμικός εἶς δεδεάγτς.[8]

---

4 Χωριό του νομού Δράμας. Το 1927 μετονομάστηκε σε «Αδριανή».

5 Χωριό του νομού Δράμας. Το 1927 μετονομάστηκε σε «Παρανέστι».

6 Διορθ. «Σουρουτζουλέρ», χωριό του νομού Δράμας. Το 1927 μετονομάστηκε σε «Τείχος».

7 Χωριό του νομού Φλώρινας. Το 1928 μετονομάστηκε σε «Αμύνταιο».

8 Το 1920 το Δεδέαγατς μετονόμαστηκε σε Αλεξανδρούπολη και σήμερα αποτελεί πρωτεύουσα του νομού Έβρου.

[9]

And from the 7th kilometer we marched to Edrenetsik[4] and stayed there for a month. I went to the shores of Nestos River at Boukia.[5] And from there we returned back to the village of Souroutzouler;[6] Turks reside there.

And from Souroutzouler we went to Sorovits[7] by train and stayed there for two months, and we departed for Thessaloniki and camped at Toumpa. And from Toumpa we arrived in Xanthi by train and from Xanthi after 10 days of marching we arrived in Didymoteicho and from Didymoteicho we went to Dedeagats[8] by train.

4 Village in the prefecture of Drama. In 1927, it was renamed to "Adriani."

5 Village in the prefecture of Drama. In 1927, it was renamed to "Paranesti."

6 Village in the prefecture of Drama. In 1927, it was renamed to "Teichos."

7 Village in the prefecture of Florina. In 1928, it was renamed to "Amyntaio."

8 In 1920, Dedeagats was renamed to Alexandroupoli and today is the capital of the prefecture of Evros.

[11]

6ον Στρατιωτηκών [-]

Τό γράμα πού σᾶς ἔστειλα δέν [εἶναι] μέ [με]λάνει | παρά εἶναι μέ τά δάκρυα [που] χ[ύνω] κάθε βράδυ. ||

Στρατιώτη καί ἀν με πήρανε δεν [-] | κουρασμαίνος μον που ζῷ κα[-] [-]ρος. ||

τοῦτο τόν χρόνω χαιρουμε τον ἄλλο ποια [-] | θά πεθάνω ή θά ζῷ [-]θα πάμαν σε ἀλλα μέρη. ||

τής θάλασσας τά κύματα εἶναι καταρα[μένα] | με πήραν απ᾽ τήν αγάπη μου και με [-] εις τα ξένα. ||

δέν γράφω περισσότερα ἐμάβρισε η καρ[διά μου] | ἐμαύρισε καί τό χαρτί ἀπό τα δάκριά μου. ||

ἀναστενάζω θληβερά καί κλέω λυπημένος | καί λέω ποίοι ἐχάθηκαν εἶναι χάρ[-] καί γιά μένα. ||

Λάβε το τό γράμα μου λάβε τά δύο μου μάτια | λάβε καί τήν καρδούλα μου που [-] κομάτηα. ||

[11]

6th Military [-]

The letter that I sent you [is not written] with ink | but with the tears [that I drop] every night. ||

Although they took me as a soldier did not [-] | tired of living [-]. ||

I enjoy this year – next year [-] | I'll be dead or living [-] or go to other places. ||

The waves of the sea are [cursed] | they took me away from my love, and [-] me in exile. ||

I will not write anything more, for my [heart] has darkened | and so has the paper because of my tears. ||

I am sighing woefully, and I am crying sadly; | and I'm saying that those who are lost are [-] for me too. ||

Take my letter, take my two eyes, | take my little heart too, which [-] pieces. ||

ὡς πότε θα φορό χακή και ακ[-] | ὸς πόται το κορμάκη μου θά μείνει μ[ες τα] χηώνια. ||

ἐάν Θεός με δήκασαι [-]ρός άλλ[-] θα με σώση. | Το θλι[-] έν τῷ οὐρανῷ [-] ἐν τῷ στρατῷ [-]||

Το αἷμα στή ξενητηά [-] | λίκο γιά τή [-]ὰνθε[-] ||

Till when will I wear the khaki [-] | till when will my body be [in the] snow? ||

If God tried me [-] will save me | the [-] in the sky [-] in the army||

The blood in exile [-] | a bit for the [-]||

[15]

Παρελθόντα

Προσεξέκξεται διά να μάθεται φύλοι τά βάσανά μου | ὅπου ἐπέρασα εἶς τό στρατῷ καί ποῦ περνῷ πεδιά μου. ||

Τό ἀπλούστατον θά σάς εἰπῶ διά αὐτήν τήν ψέρα | ποῦ βλέπη δῷ εἰς τό στρατό ἄχ καϊμένη μοίρα. ||

αὐτά τρώνε κυριωλεκτηκώς ὄχι ὅτι τσημπάνε | σά τά σκυλιά ὅπου τραβούν ψοφίμηα γιά νά φάνε. ||

Σκοτώνο τάγμα ἐδώ καί σύνταγμα πάρα πέρα | καί μεραρχία ὀλόκληρη βρίσκο τήν ἄλλην μέρα. ||

Καί στή ἀρχή νωμίσαμαι ἀπό ἀκαθαρισεία | ἡ ψύρα αύτῇ ἐπάνω μας σχηματίζει μεραρχία. ||

Καί ἤρχησα ὀ δυστηχεῖς στό δήμερω νά ἀλάζω | καί τούτο μήπως ἔβγανα τήν ψήρα ἀπό πάνω. ||

Καί ὅταν φορέσω καθαρά καί φύγουν οἱ μεγάλες | πέφτω γιά νά κημιθῷ καί μαζέβονται ἡ ἄλλες. ||

Ἀπό μακριά ποῦ ἔρχουνται ἀκούς τά πατίματα [τους] | καί ἀπό τήν πήνα τήν πολῃ δέ βλέπουνε μπροστά τους. ||

[15]

The Past

Listen up, my friends, so that you learn of the sufferings | which I went through and I am still going through in the army, my children. ||

The simplest thing I will tell you: this louse | with which we deal in the army, oh poor fate. ||

They don't just nip, they literally bite, | like dogs dragging carcasses to eat. ||

I kill a battalion here, and there's a regiment over there, | and I come across a whole division the next day. ||

At first, we thought it is because of filth | that lice form a whole division on us. ||

So, poor me, I started changing every other day, | hoping to get the lice off me. ||

And when I wear clean clothes and the big lice leave, | I go to sleep and more of them gather. ||

You can hear their footsteps coming from far away, | and they can't see in front of them, because of their great hunger. ||

Μά τή νά κάνει καί αὐτός οὖθε καί ἀν ἀπλώσεις | εἶναι σωρός ἀπάνω του δεν ξέρεις νά γλυτώσεις. ||

Καί σάν νά ἔχουν σύλογω τέτοια συμφωνία | μία μία μέ τήν ἀράδα του σχηματίσαν μεραρχία. ||

Και ὅλες ἀυτές ἡ φάλαγκες πέφτουν εἶς τά ποδάρια | καί εἶς τό λαιμό βγένουν σά λεοντάρια. ||

But what can one do? No matter where you lie, | they still pile on you, and you do not know how to escape. ||

And like members of a club, so well-tuned they are, | with their feet, one-by-one, they form a division. ||

And all these phalanxes fall down to your feet | and they pop up like lions on your neck. ||

[17]

Γληκοχαράζει ή χαραυγή

κί ή ἄνοιξεις μηρίζει |

τό περιστέρη τής ἐλιάς

Προστά μοῦ τρηγειρίζη. ||

ξημέρωσε καί δρόσισαι

καί τραγουδούν τά ἠδώνια |

πός πάνε πίσω ἀγύριστα

τά ματωμένα χρόνια. ||

Ἤλιε να φέκζης πιό πολύ.

φεκγάρη μου νά λάμψης |

θέλω στῷ δώμα τοῦ οὐρανοῦ

χαρά θεού να γράπψης. ||

σημέναιται Καμπάνες μου

γιορτάζουν τά οὐράνια. |

ὁ Κωνσταντίνος ἔφτασε

δόξα και περιφάνεια. ||

[17]

Dawn is sweetly breaking,
and spring is scenting, |
the dove of the olive tree
is wandering before me. ||
The day has dawned and it is cool,
nightingales are singing |
of how bloody years
pass by without return. ||
Sun, please glow brighter,
and my moon, please shine; |
the sky's board I want you
to paint with divine delight. ||
Bells, please ring out,
as heavens celebrate, |
for Constantine has come
with glory and pride. ||

Βουνά παραμερήσεται

καμποί μου στοληστήται |

καί σείς λακγάδια Ποταμί

εἷς προσωχήν Σταθείται. ||

Μπιζάνη μου ἀπόρθητω

Κρέσνα μου τσουμαγιά μου[9] |

σά ἀετός μας ἔφθασε καί

Σπαρταρά ἡ Καρδιά μου. ||

Καλώς ἦλθες νικητεῖ

Σέ στεφανώνη οἱ νίκει |

σε χερετούν τά γιάνενα

καί ἡ θεσσανίκη.[10] ||

ἅπλωσε τά χρυσά φτερά

καί σκέπασέ μας ὅλους |

γιά σέ τά στέργια λάμπουνε

---

9 Στο Μπιζάνι, την Κρέσνα και τη Τζουμαγιά, έλαβαν χώρα σημαντικές μάχες στο πλαίσιο των Βαλκανικών Πολέμων.

10 Τα Ιωάννινα και η Θεσσαλονίκη απελευθερώθηκαν από τον ελληνικό στρατό κατά τη διάρκεια του Α' Βαλκανικού Πολέμου (Οκτ. 1912 – Μάιος 1913).

Mountains, make way,

valleys, preen up, |

and you, dells and rivers,

stand at attention. ||

My unconquerable Bizani,

my Kresna and my Tzoumagia,[9] |

like an eagle he came to us and

my heart is flopping. ||

Welcome, you victor,

victory is crowning you, |

you are greeted by Ioannina

and by Thessaloniki.[10] ||

Open your golden wings

and cover all of us; |

for you the stars are shining

---

9 Significant battles took place in Bizani, Kresna and Tzoumagia during the Balkan Wars.

10 Ioannina and Thessaloniki were liberated by the Greek army during the 1st Balkan War (Oct. 1912 – May 1913).

στοῦ οὐρανοῦ τούς θόλους. ||

Ἄκου ἡ ἀκγέλοι τραγουδούν

ηχούν και εἶς τά οὐράνια |

πός ἡ ἀλήθεια ἔλαπψε

δόξα και περιφάνεια. ||

ὅτι κι ἄν πάθαμε γιά σε

ὅλα χαλάλι ἀς γίνουν |

σάν τά κρησταλένια τά νερά

ποῦ τά ἀηδώνια πίνουν. ||

Ὅλα θά ξεχάσουμε

ἀφοῦ ἐσή Προστάζεις |

Παληκαριά καί λευθεριά

μέ τῇ καρδιά μου στάζεις. ||

Καλός μας ἦλθες ντίνο μας[11]

μάρτυρας καί πατέρας |

εἶπες ἀλείθια καί ἔλαπψε

στό Κόσμω Πέρα Πέρα... ||

11 Αναφέρεται στο Βασιλιά της Ελλάδος Κωνσταντίνο Α΄.

on the domes of the sky. ||

Listen, angels are singing

echoing across the skies |

of how truth shined

with glory and pride. ||

Whatever we may have suffered for you,

it is all worth it, |

like the crystal water

that nightingales drink. ||

We will forget it all

as you command; |

bravery and liberty

you instill in my heart. ||

Welcome, Dino,[11]

our martyr and father, |

you spoke the truth, and it shone

far away across the world. ||

11 Referring to King of Greece Constantine A'.

ἄκου ὀ στρατός καί στόλος σου

Κουμπάρε σοῦ φωνάζουν[12] |

ἀδελφωμένη με χαρά

ἀνάστασει γιορτάζουν. ||

Καλῶς μας ἦλθες Αετέ[13]

σέ Προσκυνούμεν ὅλοι |

γιά να Σαρώσης τού

ἐχρθούς νά μπούμαι

μεσ' τη Μπόλι.[14] ||

Μοίρα ὀρει

Πυρ|κου.

ὀ συντάκξας αυτά

Π. Καρατασάκης Γορτυνίας, Αρκαδίας

12 Η «κουμπαριά» του Στέμματος με το Στρατό οφειλόταν στο ότι το 1913 οι Ένοπλες Δυνάμεις ήταν ανάδοχοι της κόρης του Κωνσταντίνου Α', πριγκίπισσας Αικατερίνης.

13 Προσωνύμιο του Βασιλιά Κωνσταντίνου Α'. «Ο Αητός» ή «Του Αητού ο Γυιός» ήταν μουσική σύνθεση προερχόμενη από την επιθεώρηση «Ξιφίρ Φαλέρ» (1916). Το τραγούδι-θούριος ταυτίστηκε με το Βασιλιά και κατέστη σύμβολο της φιλοβασιλικής/αντιβενιζελικής παράταξης κατά τα χρόνια του Εθνικού Διχασμού (1915-1917) αλλά και αργότερα.

14 Αναφέρεται στην Κωνσταντινούπολη.

Hear your army and your fleet,

"koumpare" they call you;[12] |

in brotherly spirit and great joy,

they celebrate resurrection. ||

Welcome, Eagle;[13]

we all worship you |

so that you wipe out

the enemy, and we can get

into the City.[14] ||

Mountain battery squadron.

The composer of these,

P. Karatasakis of Gortynia, Arcadia

---

12 "Koumparos" is a special type of symbolic kinship, concerning a godfather or a bestman. The "kinship" of the Crown and the Army relied on the fact that in 1913 the Armed Forces became the godparents of Constantine A's daughter, princess Katherine.

13 Soubriquet for King Constantine A'. "The Eagle" or "The Eagle's Son" was a musical composition coming from the "Xifir Faler" revue (1916). The song-battle hymn was associated with the King and became a symbol of the royalist/anti-Venizelist wing during the years of the National Schism (1915-1917) and also later.

14 In Greek tradition, Constantinople (Κωνσταντινούπολη), the capital of the Byzantine Empire, is referred to as "η Πόλη" (The City).

[18]

εἶμε ἔλλην στρατιώτης

παλικάρη τῆς φωτιάς. |

ἄς μέ τρέμη ἡ βαρβαρότης

τής αἷμωσταγούς τουρκιάς. ||

ἔμαθα νά προστατεύω

τής ἐλλάδος τά χωριά |

καί τόν πανικόν νά σπέρνω

στού κεμάλ τή βλαχουριά.[15] ||

πάνω στά βουνά γυρίζω

τού κεμάλ παντού νά βρώ |

ὅμος δέν τόν ἀντικρίζω

ἀπ' την ἄγκυρα πιό ἐδώ.[16] ||

ὅλο γράματα μάς στέλει

προκυρύξεις μάς σκροπά |

15 Μουσταφά Κεμάλ (1881-1938), ιδρυτής της Τουρκικής Δημοκρατίας. Το 1919 ξεκίνησε ένοπλο αγώνα εναντίον του Οθωμανού Σουλτάνου και των Δυτικών κατακτητών της Τουρκίας, συμπεριλαμβανομένης της Ελλάδας.

16 Από το 1920, ο Κεμάλ βρισκόταν εγκατεστημένος στην Άγκυρα όπου σχημάτισε κυβέρνηση και οργάνωσε τον ένοπλο αγώνα του.

[18]

I am a Greek soldier,

a fiery and brave man, |

let them dread me, the barbarians

of bloody-minded Turkey. ||

I learned to protect

the villages of Greece, |

and to spread panic

to Kemal's hicks.[15] ||

I wander up in the mountains,

looking everywhere for Kemal, |

but I do not see him around,

from Ankara to this way.[16] ||

He sends us letters all the time,

proclamations he spreads around, |

15 Moustafa Kemal (1881-1938), founder of the Turkish Republic. In 1919, he started a military struggle against the Ottoman Sultan and the Western occupiers of Turkey, including Greece.

16 Since 1920, Kemal was settled in Ankara where he formed a government and organized his military effort.

μά καί ἀπόφασι δέν πέρνει

να ἔλθη λίγο πιό κοντά. ||

ὅμος ἐάν τό ἀπεφασίσει

γρήγορα θέλει νά νιώση |

πός ηρήνη νά ζητήσει

ἤ διάλλος νά προσκυνήσει. ||

but he does not make the decision

to come a bit closer. ||

But if he does decide,

he will soon feel |

that he either has to ask for peace

or he will kneel before us. ||

[19]

Λαέ ποῦ ἔδειξες με μιάς τή τόση δηναμή σου | ποῦ ἔδειξες πός δέν κρατής κλησμένη τή φωνί σου. ||

Λαέ ποῦ ἐθριάμβευσες σέ αὗτές τής ἐκλογές[17] | παύσε τής τυρανίας σου τούς πόνους νά λές. ||

Παύσε νά λές τά βάσανα τούς πόνους τοῦς καϊμους | μή δηϊγήσε πιά λάε τούς ἀναστεναγμούς ||

Καί μιά φωνή Σπαρτιατηκή βγάλε ἀπό τή καρδιά σου | νά πής τόν Κονσταντίνω μας πός θέλεις Βασιλιά σου ||

Ἀετός ποῦ τόσα ὑπέφεραι καί ἀκόμι ὑπεφέρει | νά ληθεῖ εἶς τήν ἐλάδα μας τήν τάξι γιά νά φέρη ||

Καί νά φωνάξης μέ καρδιά τῷ αἷμα μου τῷ δήνω | γιά τό μεγάλο Βασιλιά τό μέγα Κωνσταντίνω ||

Ἐν Σαράντα ἐκκλησιές τῇ 1: Δεκεμβρίου 1920.

Π. Καρατασάκης ἐκ Γορτυνίας Αρκαδίας

17 Αναφέρεται στις βουλευτικές εκλογές της 1ης Νοεμβρίου 1920 τις οποίες αναπάντεχα κέρδισε η φιλοβασιλική/αντι-βενιζελική παράταξη.

[19]

You people, who showed your great power at once, | who showed that you don't keep your voice shut. ||

You people, who triumphed in these elections,[17] | stop talking about your tyranny's sufferings. ||

Stop speaking of your tortures, your sufferings, your sorrows; | stop fabling about your sighs. ||

And take a Spartan voice out of your heart, | and say that you want Constantine to be your King. ||

An eagle, who has suffered so much and still suffers, | shall be set free to bring order to our dear Greece. ||

And shout with all your heart "my blood I offer | for the great King, Constantine the Great." ||

Saranta Ekklisies, December 1st, 1920

P. Karatasakis of Gortynia, Arcadia

17 Referring to the parliamentary elections of November 1st, 1920, which were surprisingly won by the royalist/anti-Venizelist wing.

[23]

ἦλθες ἦλθες Κωνσταντήναι τώρα ποῦ ἄνθισε ἡ ἐλιά | καί σέ εἶδαν στρατηλάτη τῆς ἐλλάδος τά πεδιά. ||

ὁ στρατός σάς περιμένι ὅλος μέ ἀνηχτεῖ καρδιά | να σταθῇνά χερετήσει τόν γενέω βασειλιά. || ἀνεχώρησε ὁ ἀφέρωφ[18]

καί ἄλλα ἀντιτωρπιληκά | καί ἠφέραν στήν Ἀθῆνα τῷ γενέω Βασιλειά. || χρησῷ καράβη ἔρχεται με ἕνα στραυρῷ

στῇ πλώρη | φέρνει τόν Κωνσταντίνω μας νά πάρουμαι τῇ Μπόλι ||γιά τέτιω Κωνσταντίνω γιά τέτιω Βασιλειά | ἐφάγαμαι

τῷ ξύλω δέν βγάλαμαι μιλειά || μέ τέτηω στρατηλάτη με τέτιω βασιλειά | ἐπήραμε τή Πόλι καί τήν ἀγιά Σοφιά. || τό τούρκω

θά νηκίσωμαι στή Κόκκινη μηλιά | ὁ χρυσέ[19]μου Βασιλιά. ||

Π. Καρατασάκης

---

18 Το θωρακισμένο καταδρομικό «Γεώργιος Αβέρωφ» αποτέλεσε τη ναυαρχίδα του ελληνικού στόλου κατά τους Βαλκανικούς Πολέμους, ενώ εισέπλευσε και στην Κωνσταντινούπολη το 1919, καθιστάμενο έτσι πανελλήνιο σύμβολο.

19 Η «Κόκκινη Μηλιά» αποτελεί θρυλικό τόπο της μετα-βυζαντινής παράδοσης συνδεδεμένο με την απελευθέρωση της Κωνσταντινούπολης από τους Οθωμανούς.

[23]

You came, you came Constantine, now that the olive tree has blossomed | and the children of Greece saw you as Commander. ||

Your entire army is waiting for you with open hearts, | to stand and greet the brave King. || Averof departed[18]

and other destroyers did too, | and they brought the brave King to Athens. || A golden ship is coming with a cross

on its bow; | it is bringing our Constantine, so that we conquer the City. || For such a Constantine, for such a King | we were

beaten and did not complain at all; || with such a commander, with such a King, | we captured the City and Hagia Sophia. || We will defeat the Turk

at the Red Apple Tree,[19] | oh, my golden King. ||

P. Karatasakis

---

18 The "Georgios Averof" armored cruiser was the Greek flagship during the Balkan Wars, while it also sailed to Constantinople in 1919, becoming a Pan-Hellenic symbol.

19 The "Red Apple Tree" is a legendary location of post-Byzantine tradition, associated with the liberation of Constantinople from the Ottoman Turks.

[25]

ὀλόχαρη και λαμπηρεῖ εἰμέρα ξιμερώνει |

γελάϊ ἡ ἀνατολῄ κι' ἡ δύσεις καμαρώνει. ||

ποίος ἕλληνας θέ νά βρεθεῖ νά μήν ἀποφασίση |

τήν ἐρχομένη Κυριακή νά μή μπάϊ νά πψιφίση ||

νά γράπψεται τά δελτία σας μέ ὀλόχρυσω μελάνη |

καί ὅποιος δέν ξέρει γράματα ἐξέλεξι νά κάνη. ||

Μήπως καί τύχη σέ ἄνθρωπω κι' αὐτός καί τόν γελάση |

κι' ἄλλα τοῦ πῇ καί ἄλλα κείνος γράπψει. ||

Νά σπάσουναι τίς ἄλησες ποῦ εἶμεθα δεμένοι |

καί ὁ καθένας ἀπό ἐμάς ἐλεύθερος νά μένη. ||

Νά καθαρήσει ὁ οὐρανός ἀπό τῇ συνεφιά του |

γιατή μάς ἐθανάτωσαν τά βρωμερά θεριά του. ||

Σέ βούλγαρους ἄν ἤθελε εἶμεθα δουλουμένοι |

πάλι δεν ἤθελ' εἶμεθα ἔτσι βασανισμένοι. ||

[25]

The day is dawning with grace and glow, |
the sunrise is smiling and sunset is standing tall. ||
Is there any Greek who will decide not |
to go and vote next Sunday? ||
Write your ballots with the most golden ink, |
and whoever is illiterate, should be careful ||
not to run into someone who will fool him |
and write something different from what he said. ||
Let us break the chains with which we are tied up, |
and let each one of us be set free. ||
Let the sky clear up from its cloudiness, |
because its filthy beasts killed us. ||
If we were enslaved even by Bulgarians, |
we would not have been tortured like this. ||

Ἄν ἄνοιγες τό στόμα σου ἐλιά γιά νά μιλίσεις |
ἔτρεμε ἡ Καρδιά σου κανείς μή σε᾽ ἀγρηκίσει ||
ἐπάνω σέ κορηφή βουνοῦ ἄν ἤθελε εὑρισκόσουν |
φαντάσματα ποῦ ἐφαίνετο πώς ἔβλεπες ἐμπρός σου ||
Καί δέν μπουρούσες οὔτε κεί στο στόμα σου νά ἀνοίξης |
μή σέ ἀκούση κρητικός καί σέ ξιλοκωπήσει ||
Γιατή ἀμέσως σ᾽ ἄρπαζε καί στήν ἀστηνομία |
σέ πήγεναι καί ἀπ᾽ ἐκεῖ σοῦ κάναν ἐξορία. ||
Εἶναι κατάστασεις αὐτή γιά πές μου στόν θεόν σου |
να μήν μπορής σάν ἄνθρωπος νά βρής τό δικαιόν σου ||
Ἦλθε λοιπόν ἡ ἐποχή σέ μάς τοῦ φουκαράδες |
νά στείλωμαι στώ διάβολω αὐτούς τούς μασκαράδες ||
Λοιπόν παιδιά προσέκξαται ὅσον καί ἀν ἡμπορήτε |
σέ τούτηνε τήν ἐκλογή ὅλοι σας νά ψηφίσται. ||

If you simply opened your mouth to say a word, |
your heart was so afraid someone might notice you. ||
If you were at the peak of a mountain, |
you thought you were seeing ghosts before you. ||
Not even there could you open your mouth, |
for a Cretan could hear you and beat you down. ||
Because he would grab you right away and to the police |
he would take you and they would send you to exile. ||
For God's sake, tell me, is this a normal situation, |
not to be treated with justice, like a human? ||
So, the time has come for us poor men |
to send those cretins to the devil. ||
Make sure, my children, to the best of your ability, |
to go and vote in this election, all of you. ||

Γιατή δέν θά ψιφίσουμαι τόν ἕνα καί τόν ἄλλο |

παρά τό βασιλέα ἐκεῖνον τό μεγάλω. ||

ὅπου γιά τήν ἀγάπη μας τόσων έβασανίσθη |

καί τόν πολυτιμώτατον θρόνον του ἀπαρνίθη. ||

Ποῦ ἄν ἤθελε εἰπῆ τό νέ εἰς τόν Κωνσταντῆνον |

ἐκ τής οὐδετερώτητος νά βγή ὁ Κονσταντήνος. ||

Because we will not just vote for this or that candidate, |

but for that great King, ||

who suffered so much for our love |

and abnegated his most precious throne. ||

If only he had said "yes" to Constantine |

Constantine would have left neutrality. ||

[27]

Ὅποιος ἔχει νοῦ ἄς τό σκεφθή καί γνώσι ἄς τό λογιάσει |

νά πάρη πένα καί χαρτή καί νά τό λογαριάσει ||

Σκυλιά κακά σκεφθήκαται πάντα νά κυριαρχήται |

ἕνα φυλήσιχω λαῷ νά τόν ἐτυρανίται. ||

οὖρα[20] καί ζητωκραβγές δέν εἶναι παραμήθηα |

ό Κονσταντήνος ἔρχεται παιδιά μου εἶναι ἀλήθεια. ||

Τί κανονιές καί τῇ φονές. Καί τῇ ζητωκραβγάσεις |

δέν θέ νά μείνη μιά ψυχή νά μήν ἀγαλιάση. ||

Τά τρια χρόνια πέραν τέσερα περπατούνε. |

ὅπου τά μάτια τοῦ λαοῦ ἔχουν νά τά δούνε ||

Ὁ Βενιζέλος ἤθελε νά γίνει δυμοκράτης νά μιάσοι |

τοῦ Θεμιστοκλή νά φθάση τό Σωκράτη. ||

20 Παρωχημένος όρος για το «ζήτω» εκ των αγγλικών “hurrah” και “hooray.”

[27]

Whoever has mind and knowledge should think about it
and consider it, |

take pen and paper and take it into account. ||

You, evil dogs, wanted to always dominate, |

and domineer a peaceful people. ||

Hoorays and cheers, these are not fake, |

it is true, my children, Constantine is coming. ||

What gun salutes and cries and cheers, |

no soul will be left without jubilating! ||

It has been three years already, almost four, |

since people's eyes last saw him. ||

Venizelos wanted to be a democrat, to resemble |

Themistocles, to reach Socrates. ||

Ἔλεγε ὅτι προσκυνούν οἱ ἕλληνες ἔκεινον |
καί δέν θέλουν νά ξαναϊδούν πλέον τόν Κωσταντῖνον. ||
Μά ὅταν ἐκατάλαβαι πός θέ νά τάχη σκούρα |
ἔπεσε κοντά τοῦ λαοῦ με κάμα μέ μαγκούρα. ||
Μέ ξύλο ἐπολεμήσανε τόν κόσμο νά φοβήσουν |
καί πάλι δέν ἐμπώρεσαι γνώμη νά τοῦ γιρείση ||
Καί ὅταν τά καταλάβαμε πός δέν περνάει ἐκεῖνος |
τόν Κουντουριώτη ἄρπαξε καί φεύγη ἀπ τήν Αθῆνα ||
Γιατή τό καταλάβανε οἱ βράκοφορεμένη[21] |
πώς τοῦ Δραγούμη ὁ θάνατος κι' αὐτούς τούς περιμένη.[22] ||
Μά ὁ γιαλάκεας σκέφτηκαι τό τῇ τόν περιμένη |
καί δέν ἐκάθησε ἐδῷ οἱ έκλογή νά γίνη. ||

21 Χρησιμοποιεί τον όρο «βρακοφορεμένοι (βράκοφορεμένη)» εννοώντας τους Κρητικούς.

22 Ο Ίων Δραγούμης, φιλοβασιλικός πολιτικός, δολοφονήθηκε από Βενιζελικούς τον Ιούνιο του 1920, στο πλαίσιο αντιποίνων για την απόπειρα δολοφονίας του Ελευθερίου Βενιζέλου.

He said that Greeks worship him |

and do not want to see Constantine anymore. ||

But when he realized he would have a hard time, |

he started pressing people with guns and sticks. ||

They frightened people, with violence and fights, |

but still they did not manage to change their minds. ||

And when we realized that he would be defeated, |

he grabbed Kountouriotis and left Athens, ||

for the "breeches-wearers" realized[20] |

that Dragoumi's death was awaiting them too.[21] ||

And the specky guy understood what was awaiting him |

and did not stay here for the election to be held. ||

20 He uses the term "breeches-wearers (Gr. Βρακοφορεμένοι)" to refer to the Cretans, whose traditional costume includes breeches (Gr. Βράκα).

21 Ion Dragoumis, a Royalist politician, was murdered by Venizelists in June 1920, in the context of reprisals for an assassination attempt against Eleftherios Venizelos.

Ἐμπήκε στό ἀτμόπλοιον μέ τά βρακιά γεμάτα |

γιατή ἄν ἐκαθώταναι θέ νά χάνε τῇ στράτα.[23] ||

Μή λησμονίται τά βάσανα τούς πόνους |

ἐκεῖναι ποῦ περάσαμαι ἐδῷ καί πέντε χρόνους ||

Ποίος ξόριστος πία φυλακή ποῖος ντουφεκισμένος |

ἀπό αὐτόν τόν δήμιον τόν τρεῖς καταραμένον ||

Σάς βεῷ μορέ παιδιά ἄν τώρα ἤθελαι μείνη |

μία μεγάλη συμφορά εἶς τόν κοσμον θέλαν γίνει ||

---

23 Λίγες μέρες μετά την ήττα του στις εκλογές του Νοεμβρίου 1920, ο Ελευθέριος Βενιζέλος συνοδεία συγγενών και στενών του συνεργατών αναχώρησε από την Ελλάδα και εγκαταστάθηκε ως αυτό-εξόριστος στο Παρίσι.

He embarked on the steamboat, with his underpants full, |

for if he stayed longer, he would have lost his way.[22] ||

Do not forget the sufferings and pains, |

those we went through during the past five years. ||

People in exile, people imprisoned, people shot, |

by this accursed executioner. ||

I assure you, children, had he stayed longer, |

the world would suffer a big catastrophe. ||

---

22 A few days after his defeat in the elections of November 1920, Eleftherios Venizelos accompanied by relatives and close partners left from Greece and settled in Paris in self-exile.

[29]

Ποίος ἠμπωρούσε ἀδέλφια μου να πή τῶ ὄνομά του |

ὅπου θά τσακήζανε εὐτής τά κόκαλά του ||

Τό ὄνομά του νά χαθή μέσα ἀπό τήν ἐλαδα |

νά μήν μετά περάσουμε τά βάσανα μεγάλα. ||

Ὅλοι τους τά σκευτήτανε κι' ὅλα τά σηλογούνται |

κι' ὅλοι ζητούν μετάθεση καί ἄλλοι παρετούνται ||

Τί ἔχεται βενιζεληκοί καί φόβος σάς κατέχη |

μήπως σέ ῥεύμα στέκισθαι καί τῷ ποτάμι τρέχι ||

Δέν εἴμεθα ἐκδηκιταί νά σάς ἐκδηκιθούμαι |

μόνον νά μήν σάς βλέπομεν αὐτῷ ἐπημούμε ||

τά τώσα ποῦ ἐκάμαται σάς πρέπει τυμωρία |

γιτί σύς ἐνωμήσαται ποτέ δέν ἔχεται χρία ||

Μήπως τό ἀμελήσαται κανεῖς δέν ἐγγυᾶται |

ἐάν τό πλήθως σάς ρηχθεῖ στό διάβολω θά πάτε ||

Ποίας μάνας λήπει τό πεδή πιανής γεινέκας ἄνδρας |

ποίας κόρης ὁ αγαπητικός δεν λισμονιέται πάντα. ||

[29]

My brothers, who could freely say his name? |

They would break his bones right away. ||

Let his name disappear from Greece; |

let us not go through these great sufferings again. ||

All of them have thought about it all and come up with ideas, |

they are all asking for transfers and others are quitting. ||

What is wrong, Venizelists, and you are so scared? |

Are you maybe standing in the current of a flowing river? ||

We are not avengers to take revenge on you; |

we just don't want to see you around. ||

With all the things you did, you deserve punishment, |

for you believed that you will always be safe. ||

Maybe you neglected this; there is no guarantee. |

If people go for you, you will go to the devil. ||

A mother's missing child, a woman's missing husband, |

a girl's missing lover – they cannot be forgotten forever. ||

Τό πράγμα εἶναι σύνορων κι' ἀκόμα οἱ πονεμένη |

εἶναι θλημένη σκοτηνή καί μαυροφωρεμένη ||

Γιά αὐτό λοιπόν νά φήγεται πρίν βρήται τό μπελά σας |

τά μέρη μας ἀδιάσεται νά πάτε στά δικά σας ||

Εἶδε ὁ θεός τά βάσανα τῆ πέρασεν ὁ κόσμος |

καί τοῦ δούσε τῇ φώτιση νά σάς ἐδώση δρόμο ||

Ἀν θέλεται μάθεται καί ἐμένα τό ὄνομά

μου | Παντελή μἐλέναι και ὀνομάζωμαι

καί Καρατασάκης ἡ γενιά μου ||

Π. Καρατασάκης ἐκ Γορτυνίας Αρκαδίας

This matter is important, and still those who have suffered |
are sad, dark and dressed in black. ||
So, go away before you get in trouble. |
Empty our lands and go to yours now. ||
God saw the sufferings, what people went through, |
and enlightened them to send you away. ||
And if you like, know my name: |
They call me Pantelis, this is my name, and
Karatasakis is my clan. ||
P. Karatasakis of Gortynia, Arcadia

[31]

Ἐν 40 ἐκκλησιές[24] τῇ 23 Μαΐου 1921

Σύμερων εἶς τάς 23 μαΐου τοῦ ἔτους 1921 διαιτάχθει νά ἀναχωρίσει ἡ 12η μεραρχία ἀλλά ἀκόμι δέν ὡρίσθη εἰσέτη διά ποῦ θὰ βαδίσει. ἀλλά ὅς φένεται διὰ τῷ μικρασιατηκόν μέτωπον. ἡ σιγκέντρωσης τής μεραρχείας θά γίνει εἶς τόν σταθμόν μουρταλή[25] καί ἀπό ἐκεῖ θά διευθήνεται πρός την ῥεδεστῷ.[26] συνέχια πορείας.

κατά την ἄφηκξειν τής ἀμαξοστηχίας εἶς μουστρακλή ἔγεινε ἡ ἀποβήβασης καί τῶ πρωΐ ἀφιχθήκαμαι εἶς ρεδεστῷ. ἀφού ἐμείναμεν ἐπί ἕνα ἡμερώνικτον λείαν πρωΐ μετέβημεν εἶς τὴν ἀποβάθρα διά ἐπηβήβαση καθῷς έπηβασθήκαμαι καί κατά τῶ ἐσπέρας ἀτμωπλωϊκός ἐλάβαμε τήν κατεύθησειν τον στενῶν τών δαρδανελίων[27] καί κατά τάς 29 μαΐου ἀφηχθήκαμεν εἶς τον λιμήν τής Σμύρνης. καί ὅταν ἀποβιβασθήκαμαι ἀφήχθει ὁ βασηλεύς Κων. μέ τῷ θορυκτών λήμνος καί ἄλλον ἀντητωρπηλικόν.[28] ὅπου ἔγινε μεγαλοπρεπεστάτη ὑποδωχή κατά την παραλίαν τής σμύρνης. ἐπή τρείς ἡμέρας εἰς Σμύρνην ἀνεχωρίσαμεν

24 Σαράντα Εκκλησιές (τουρκ. Kırklareli): σημαντική πόλη της Ανατολικής Θράκης με μεγάλο ελληνορθόδοξο πληθυσμό στις αρχές του 20ου αιώνα.

25 Μουρατλί (τουρκ. Muratlı): χωριό της επαρχίας Ραιδεστού με σιδηροδρομικό σταθμό από το 1870.

26 Ραιδεστός (τουρκ. Tekirdağ): πόλη-λιμάνι της Ανατολικής Θράκης.

27 Τα Στενά των Δαρδανελλίων συνδέουν τη Θάλασσα του Μαρμαρά με το Αιγαίο Πέλαγος.

28 Ο βασιλιάς Κωνσταντίνος Α' επισκέφτηκε τη Σμύρνη στις 29 Μαΐου 1921.

[31]

40 Ekklisies,[23] May 23rd, 1921

Today, on May 23rd of year 1921, the 12th Division was ordered to depart, but it has not yet been determined where it will be heading to. But it seems that it will go to the Asia Minor front. The Division will gather at Mouratli station,[24] and from there it will be directed to Raidestos.[25] The march continues.

When the train arrived in Mouratli, we disembarked and, in the morning, we arrived in Raidestos. After spending the rest of the day and the night there, we went to the dock early in the morning for embarkation. After we embarked, in the evening, our boat started sailing towards the Straits of Dardanelles[26] and, on May 29th, we arrived at the port of Smyrna. And when we arrived, King Constantine arrived on the "Limnos" battleship together with another destroyer.[27] There was a very grand reception at the waterfront of Smyrna. After

23 Saranta Ekklisies (literally, "Forty Churches," Turk. Kırklareli): important city of Eastern Thrace with large Greek Orthodox population at the beginning of the 20th century.

24 Mouratli (Turk. Muratlı): village in the province of Raidestos with rail station since 1870.

25 Raidestos (Turk. Tekirdağ): port-city in Eastern Thrace.

26 The Straits of Dardanelles connect the Marmara Sea with the Aegean Sea.

27 King Constantine I visited Smyrna on May 29th, 1921.

διά οστράντσαν[29] σηδηροδρωμηκός συναντήσαμεν δε και τῷ αϊδήνιον[30] και ἐκείθεν πορείας δηευθηθήκαμεν εἶς οὐσάκ[31] κατά το διάστημα τής πορείας σηναντήσαμαι ἕνα μεγάλον ὄρος

29 Ορτάντζα (τουρκ. Ortakçı): χωριό ανατολικά του Αϊδινίου.

30 Αϊδίνιο (τουρκ. Aydın): πόλη νοτιοανατολικά της Σμύρνης με σημαντική ελληνορθόδοξη κοινότητα στις αρχές του 20ού αιώνα.

31 Ουσάκ (τουρκ. Uşak): μεγάλη πόλη βορειοανατολικά της Ορτάντζας.

three days in Smyrna, we departed for Ortantza[28] by train. We passed through Aidinio[29] and from there we headed towards Ousak.[30] On our way, we came across a big mountain

28 Ortantza (Turk. Ortakçı): village east of Aidinio.

29 Aidinio (Turk. Aydın): city southeast of Smyrna with a significant Greek Orthodox community at the beginning of the 20th century.

30 Ousak (Turk. Uşak): big city northeast of Ortantza.

[33]

καί κατά τό ἑσπέρας ἐμείναμε ἔξωθεν τής πόλεως μπουλατάν[32]

32 Μπουλαντάν (τουρκ. Buldan): μικρή πόλη ανατολικά του Αϊδινίου και βορειοδυτικά του Ντενιζλί (τουρκ. Denizli).

[33]

and in the evening we stayed outside the city of Boulantan.[31]

31 Boulantan (Turk. Buldan): small town located east of Aydın and northwest of Denizli.

[37]

Ἀνοίξαται χεράκια μου πάρτε χαρτί καί πένα. |

καί τοῦ στρατοῦ τά βάσανα νά γράφται ἕνα ἕνα ||

τό φεγκάρη ῥώτησαι καί τά ἄστρα θά σάς πούνε |

πός κλαίουν τά ματάκια μου ὅταν σάς ἐνθυμούμαι. ||

ἡμέρα δέν ἐπέρασαι νά μήν ἀναστενάξω | νά ἵπω και

παράπονω καί ἀπό καρδιά να κλάπψω. ||

θεέ μου πέρνα τόν καιρῷ τόν μήνα ἕνα ἕνα. | γιά να

περάσει ὁ καιρός να φήγο ἀπό τά ξένα. ||

τά πάντα εἶναι μάταια. τά πάντα ματαώτις |

δέν τό ὅλπιζα ἐγώ ποτέ νά γίνω στρατιώτης... ||

καί μέ ὅλα ταῦτα ἔγινα καί πέρνω κουραμάνα |

καί πέρνω καί σησίτηω μέσα στή καραβάνα ||

ὁ ἄνθρωπος εἰς τό στρατῷ ποῦ πάϊ νά ὑπηρετήσει. |

πρέπει νά ἔχη ἐπτά καρδιές μέ μία νά γηρήσει ||

[37]

Open up, my dear hands, take paper and pen, |

and write about the army's sufferings one-by-one. ||

Ask the moon and the stars will tell you, |

how my little eyes cry when I remember you. ||

There has not been a single day that I have not sighed, | that I have not made a

complaint and have not cried in my heart. ||

God, make time pass, one month after the other, | so that

the time passes and I leave these foreign lands. ||

Everything is futile, vanity is everything; |

never did I hope to become a soldier... ||

But eventually I became one and I get bread |

and I'm on the caravan's breadline. ||

When someone goes to serve in the army, |

he must have seven hearts, to be able to return with one. ||

μέ φάγαν τά γυμνάσεια μέ ἔφαγε ἡ θεωρία. | ποῦ

στέκονται οἱ λοχαγοί σάν ἄγρια θηρία. ||

δέν εἶναι μόνον τά βάσανα δέν εἶναι κακου

χία. | δέν εἶναι καί ἡ φυλακεῖ μόνον ἡ ἀπενταρία ||

καί τό πρωΐ θαλαμοφύλακας ἀπ᾽ τά πόδια

μέ τραβάϊ | σύκω μοῦ λέϊ δέν ἀκούς τή σάλπηκα

ἡ σάλπηγκα βαράϊ. ||

ἀπό ὅλλα τά σαλπήγματα τρεία μόνον τρεία μού

ἀρέσουν | ὁ ἄρτος τό συσήτειον καί ἡ μισθοδωσία. ||

ἀφότου ἦλθα στώ στρατῷ καί φόρεσα κορώνα[33] |

λησμόνισα τούς φύλους μου καί συγενής ἀκόμα ||

μοχός[34] τρώει τή πλάτη μου τῷ ξήφος τά πλευρά μου |

---

33 Στα καπέλα των στρατιωτών του Βασιλείου της Ελλάδος υπήρχε κεντημένη μια μικρή κορώνα.

34 «Μοχός ο. Βρύο, λειχήνα· χνούδι, τρίχωμα: αποπίπτουν αι τρίχες αυτών (ενν. των βουλκολάκων) και αναφύονται έτεραι ως μοχός χοίραιοις (Μάρκ., Βουλκ. 33925 (έκδ. μω-)). [<παλαιότ. σλαβ. măhă. Η λ. και διάφ. τ. σήμ. ιδιωμ.]» εκ του: Κριαράς Εμμ., Επιτομή του λεξικού της μεσαιωνικής ελληνικής δημώδους γραμματείας 1100-1669, Θεσσαλονίκη: 2001.

I'm tuckered out by the drills and by theory; | by
captains who stand like fierce beasts. ||
It isn't just the sufferings or the hardships, |
not just the prison, but most importantly it is the poverty. ||
In the morning, the room's guard, from the legs,
grabs me, | "wake up" he says "don't you hear the trumpet?
The trumpet is blown." ||
Of all the trumpet calls, only three do I
like: | Those for the bread, the breadline and the pay. ||
Since I came to the army and I wore the crown,[32] |
I forgot my friends and even my relatives. ||
The fuzz itches my back, the sword hurts my flanks, |

32 A little decorative crown was embroidered on the hats of the soldiers of the Kingdom of Greece.

καί αὐτή οἱ στάσεις προσωχή τρώϊ τά σωθηκά μου. ||

27η Ἰουνίου ἤτανε πού φώρεσα τω στέμα | και

ἔσταξε ἡ καρδούλα μου τρείς στάλες μάρω αἷμα ||

ὅταν μού προτόβαλαν τά ῥούχα στό κορμί μου |

καμπουριαστός ἐπήγενα ἀπό τήν ἐντροπή μου ||

ἡ ξενιτειά μάς χέρεται καί ὁ τόπος μας κράζει |

καί ἡ μάνα ποῦ μάς γένησαι κλαίη καί ἀναστενάζει ||

and the attention position hurts my insides. ||

It was June 27th when I wore the crown | and

three blood drops fell from my dear little heart. ||

When they firstly put the clothes on my body, |

I was hunching because of my embarrassment. ||

Exile enjoys having us, and our land shouts for us |

and the mother that gave birth to us cries and sighs. ||

[39]

στού λόχου τά παράθυρα κάθουμε καί ρεμβάζω. | καί

ὅταν σάς καλοθυμηθῶ κλαίω καί ἀναστενάζω ||

ὁπόταν κατετάχθηκα καί ἦλθα στρατιώτης | ἐχάθηκαι

ἀπό μέναναι κάλος καί νεότης. ||

Κουβέρτα βάζω πάπλωμα κουβέρτα βάζω στρώμα |

καί τό γελοιώ προσκέφαλο ||

μένα μέ κλέναι τά πουλιά μέ κλαίν τά χηλη δώνια |

πος θέλει περαιτήσω στό στρατῷ τέσσερα πέντε χρόνια ||

τά μάτια μου δέν φθάνουναι ἐσάς νά σάς ἰδούναι | τό

γράμα μου μέ τό χαρτί γλυκά σάς χερετούναι. ||

Ὤσα ἄστρα ἔχει καί ὅσα λουλούδια ἀνθήζουν | τόσες

φορές τά μάτια μου για σάς δακρύζουν. ||

Τελίωσα τό γράμα μου καί πιάνω το κονδήλη | καί

περιμένω ἀπάντησει ἀπ' τά δικά σου χείλη. ||

[39]

I am sitting by the company's windows, gazing outside, | and

when I remember you, I cry and sigh. ||

Ever since I got drafted and became a soldier, | I have lost

my beauty and youth. ||

I put on a blanket and a duvet, a blanket and a mattress, |

and the military sack as a bedside. ||

Birds and cicadas mourn for me, |

for I will spend four or five years in the army. ||

My eyes cannot reach and see you, |

but my letter and the paper greet you sweetly. ||

As many stars there are, and as many flowers blossom, | that many

times my eyes drop tears for you. ||

I finished my letter and grabbed the candle, | and

I'm waiting for a response from your lips. ||

Νύχτα θαλαμωφύλακας μέρα στή θεωρία | καί μέρα

στά γυμνάσεια δέν ἔχω εὐχερία. || τρείς ὥρας εἶμε

ἐλεύθερος καί ἐκήναις ἀγκαρία. ||

Ὅταν σέ καλοθημιθῷ ὅταν σε βάλι ὁ νούμους | σάν

θάλασα ταράζομαι σάν κύμα δέρνη ὁ νους μου. ||

Ἐιγῴ πουλί στή ξενιτειά καί σύ μεσ' τή πατρίδα | στήλε

τό κορμάκη σου μεσ' τή φωτογραφία. ||

Σάν πάρω ἀπολητίρηο δέν θέλω ἄλλη χάρη |

παρακαλῶ τό σαλπηχτῆ γιά νά βαρή τροχάδη. ||

Ἔτση τό θέλη οἱ τύχυ μου στή σμύρνη γιά νά πάω | στα

σύνορα τής παλιωτουρκιάς σκοπός γιά νά φυλάω. ||

Σέ στέλνω γράμα λαβέτω. ἀπό γραφή δηκί μου |

ἀντή μελάνη ἔβαλα τό αἷμα τής ψυχής μου ||

Ἦχα καρδιά γαρίφαλο γαριφαλιά γεμάτη | καί μοῦ

τήν ἔφαγε ὁ στρατός καί εἶναι πληγές γεμάτη ||

At night, I am a room guardian; at day, theory; | and
drills. I have no time left for me. || Only for three hours I am
free and that is time for chores. ||
When I recall you well, when my mind is with you, | like
the sea I am stirred up, like a pounding wave is my mind. ||
I am a bird in exile and you are in the homeland; | send
your dear body in a photograph. ||
When I am discharged, I will ask for no other favor, |
I will ask the trumpeter to play at double pace. ||
This is what my fate wants, to take me to Smyrna, |
to guard the borders of damn Turkey. ||
I am sending you a letter, take it. It is my own writing; |
instead of ink I used the blood of my soul. ||
My heart was a carnation, a full-blossomed carnation, | and
the army broke it, and it is now full of wounds. ||

Μητέραις ποῦ ἔχεται πεδιά στό πόλεμω

Σταλμένα | ἐχάσανε τά νιάτα τους καί πάναι

ἐσκλαβομένα. ||

Μάνα μέ γράφης μιά γραφή καί μέ ῥωτάς τή

κάνω | με τή γραφή ὁ δυστυχής ἐκεί θέλει πεθάνω ||

You mothers, who have your children to the war

sent | they lost their youth and are now

enslaved. ||

Mother, you write me a letter and ask me how

I am doing; | with this letter in hand, poor me, this is where
I will die. ||

[41]

Σκοπός φυλάω ὁ δυστηχείς τήν νύκτα καί

τήν ἡμέρα | τό σκρά[35] μου ἔχω συντρωφιά καί τή σκοπιά

μητέρα. || Αὐτά τά ρούχα τό χακή καί τό κοντῷ σπαθά

κη, | ποτίζουν τήν καρδούλα μου καθέ στηγμεῖ φαρμάκη. ||

Νά ἤξερα ἀγάπη μου σέ ποιώ βουνώ θά ῥάξω | νά μοῦ στέλνις

τά ρούχα μου τήν Κυριακή νά λάξω. ||

ἀπό μακριά σάς χερετῷ μέ μιά μικρά ἐλπή

δα | σάν ὄνειρω μέ φένεται νά ξαναδῷ πατρίδα. ||

Ἄνοιξε δεξή μου χέρη πάρε πένα | καί τοῦ στρατοῦ

τά βάσανα νά γράπψης ἕνα ἕνα. ||

Αὐτά σέ γράφω μάνα μου γιά μιά πληρωφορία | νά

μάθης πός τά πέρασα μέσα στη μηκρά ἀσεία ||

35 Εννοεί το γαλλικής προέλευσης τυφέκιο τύπου Γκρα (Gras), που χρησιμοποιήθηκε εκτενώς από τον ελληνικό στρατό στο Μακεδονικό Αγώνα, στους Βαλκανικούς Πολέμους και στον Α' Παγκόσμιο Πόλεμο.

[41]

Poor me, I stand guard at night

and at day | my Gras[33] keeps me company, and the watch

is my mother. || Enough with the khaki clothes and the short sword |

they constantly soak my little heart with poison. ||

If only I knew, my love, on which mountain I will be, | you'd send me

my clothes, to change on Sunday. ||

From afar, I greet you, with a little hope, |

it seems like a dream to me, to see the homeland again. ||

My right hand, come on, take a pen | and the army's

sufferings write one-by-one. ||

I am writing these for you, my mother, as a piece of information, |

so that you know what I went through in Asia Minor. ||

---

33 Referring to the French-designed Gras rifle, which was used extensively by the Greek Army in the Macedonian Struggle, the Balkan Wars and World War I.

Ἀν ἀπεφάσισαι πηκρόν ποτών γιά νά μέ δώσης |

δόσε μου τό φαρμακερόν γιά νά μέ θανατώσεις ||

τόν ἄνθρωπο εἶς τό στρατῷ ὅλοι τόν λησμονούνε |

σάν ἐκκλησιά στήν ἔρημω πού δέν τή λητουργούνε. ||

Ὅσα ἄστρα ἔχει ὁ οὐρανός ἐγώ θά τά ἐνώσο |

θά κάνω σηδηρώδρομω νά λθῶ νά σέ ἀνταμῶ

σο. || Ἡ θάλασα τρώγει βουνά καί τά βουνά λεοντάρια |

καί ἡ ἔριμη ἡ ξενιτειά τρώγει τά παληκάρια. ||

Ἐγώ ὅταν ἀνεχώρισα δέν εἶδα τήν ὑγιά μου. | μη

δέ ἐγέλασα ποτέ ποτέ μέ τήν ὑγειά μου ||

σάς γράφω μιά ἐπηστωλή καί εἶναι καί βρεμένη |

τά δάκρυά μου ἔχυνα τήν ἔχουν λερωμένη. ||

δέν θέλω μάνα νά με λές πός τά περνάς στά ξένα |

ζήσε μέ τά ἄλλα παιδιά καί ξέγραπψέμαι ἐμένα ||

ἐγό ἐδῶ ποῦ βρήσκομαι γιά νά φορά τό ράσω | πιά

κόρη κατηράστηκαι στά ξένα νά γηράσω. ||

If you decided to give me a bitter drink, |

you better give me the poisonous one to kill me. ||

Everyone forgets those in the army, |

like a church in the desert, where no one ever officiates. ||

I will bring together as many stars as the sky has |

and build a railway to come and meet you again. ||

The sea tears mountains apart, and mountains tear lions |

and exile devours brave young men. ||

When I departed, I didn't care about my health, | and never

did I laugh, never wholeheartedly. ||

I am writing you a letter and it is wet; |

the tears I was dropping stained it. ||

Mother, I do not want you to ask me how I am doing in the exile; |

live with your other children and write me off. ||

Here I am wearing these priest robes; | which

girl cursed me to age in the exile? ||

Κλέϊ ἡ καρδιά μου καί πονή μακριά ἐδῶ στά ξένα |

χαράς τῇ μάνα ποῦ καρτερή τῷ γυό τής ἀπ' τά ξένα. ||

δέν τά γράφω νά κλάπψεται καί γιά νά λυπηθεί

ται | μόνον νά τά διαβάσεται καί νά μέ θημιθείται ||

τό ὄχ! τό λέναι μιά φορά καί δέν τό δευτερώ-

νω | ἔχω τόν πόνο στή καρδιά καί δέν τόν φανερόνω ||

My heart cries and hurts here in the exile; |

God bless the mother who is waiting for her son to return from the exile. ||

I do not write these to make you cry or be sad, |

but only to read them and remember me. ||

We say "oh" only once and I do not say it twice, |

I have pain in my heart and I do not reveal it. ||

[43]

Καρδιά μέ λέγει νά σφαγῶ καί ἐγῷ τήν ἐμαλώνο |

καί τήν ἐλέγω φύλαξε άκόμι ἕνα χρόνω. ||

ἔμαθα πλέον στά βουνά φαντάρος νά γηρίζω |

οἱ φύλοι μου μέ χερετούν καί ἐγῷ δέν τούς γνωρίζο. ||

Ἤθελα ἀκόμι φύλε μου πολλά γιά νά σάς γράπψω |

ἀλλά μιά ψήρα μέ ἔκανε τήν πένα νά πιτάξω ||

ὅλο τόν κόσμω γήρισα ἀνατολή και δύσει |

τήν τηρανία τοῦ στρατοῦ δέν εἶχα ἀπαντήσει. ||

τό ἔρμμω τό στρατηωτηκό τόν ἄνθρωπο πός τόν

κάνει | κορμί σάν τό τριαντάφυλο τό κάνει καί

σχτικιάζει. ||

ἀναθεμά σε ῥέ στραταί καί σῦ καί τά καλά σου |

ψύρες ψύλοι βάσανα εἶναι τά ἀγαθά σου ||

[43]

My heart tells me to get slaughtered and I scold it, |

and I tell it "hold up for one more year". ||

I am now used to being a soldier wandering in the mountains;

my friends greet me, and I do not recognize them. ||

My friend, I would like to write more to you, |

but a louse made me throw the pen away. ||

I have travelled throughout the world, East and West, |

but nowhere did I find the tyranny of the army. ||

How the army service changes men; |

how it makes a rose-like body

decay! ||

Damn you, army, you and your benefits; |

lice, fleas and sufferings, this is all you have to offer. ||

καθημερινός γυμνάσεια καί ὅλο μακρηές πορείες |

μοῦ σπάσαναι τά πόδια μου αὐτές οἱ πάλιο

ἀρβήλες. ||

χωρίς σέ σένα μάνα μου δέν ἠμπορῷ νά ζήσω. | καί

ἀπ' τῶ στρατῷ ὁ δυστυχής θέλω ἀλιποταχθήσω. ||

Π. Καρατασάκης

ἔφεδρος Πυρ. [Πυροτεχνικός]

Drills every day and long marches all the time, |

these damn boots have broken my legs. ||

Without you, my mother, I cannot survive | and

poor me, I want to desert from the army. ||

P. Karatasakis

Reservist Pyrotechnic

[45]

Συμερον εἶς τάς 23ης μαϊου τοῦ ἔτους 1921 ἀνεχώρησε ἡ 12η μεραρχία διά ἐνύσχησειν τῆς στρατιάς τής μικράς ἀσείας. ἡ συκγέντρωσεις τής μεραρχίας ἐγένετω ἔξωθεν τοῦ μουρατλῆ καί ἐκείθεν εἶς ῥεδεστών.

κατά τήν διάρκειαν τής μεραρχίας εἶς ρεδεστῷ ἐπί ἑνός ἡμερωνικτύου ἀφίχθησαν πλοία προς παραλαβήν τοῦ στρατοῦ. ἐπηβηβαζόμενος εἰσέτη ὁ στρατός ἐπή: 2 νύκτας καί μίας ἡμέρας ἐφίκετο εἶς Σμύρνην κατά τάς 29ης Μαϊου. ὅπου προϊτημάζετο μεγαλοπρεπεστάτη ὑποδωχή τής αὐτοῦ μεγαλιώτητος τοῦ Βασιλέως Κ. ΙΒ. κατά τήν μεσημβρίαν ἀφίχθει ὁ Βασιλεύς διά τής λήμνου. καί ἄλλον αντυτορπηλικόν. ὁ λαός ἔχει παραταχθεῖ εἶς τήν παραλείαν. ἐπί άκράτητου ἐνθουσιασμοῦ. ὁ Βασιλεύς ἐπιβηβαζόμενος ἐπή ἀτμακάτου ἀποβιβάσθει εἶς την παραλίαν ἥτις τόν ἀνέμενον οἱ αξιότοιμοι Κύριοι.

πανζουρλισμός ἐπηκρατεῖ καθόλην τήν ἡμέραν. τά πολεμικά μας βάλουν κάθε τόσα λεπτά ἕνα κανονινοβολισμών. μετά τής ἐπήσκεπψης τοῦ γενικοῦ στρατηγήου ὁ Βασιλεύς κατευθήνεται πρός τῷ Κορδελιῷ[36] ἥτις αἰναγωνίος ἀνεμένεται ἥτις ἀφίχθη παρά τά ἀνάκτορα.[37]

---

36 Κορδελιό: παραθαλάσσιο προάστειο της Σμύρνης με πλειονότητα ελληνικού πληθυσμού μέχρι το 1922.

37 Αναφέρεται στην Έπαυλη Κοτζιά, όπου φιλοξενήθηκε ο Βασιλιάς και η ακολουθία του.

[45]

Today, on May 23rd of year 1921, the 12th Division departed to support the Asia Minor Army. The Division gathered outside Mouratli and from there it went to Raidestos.

During the Division's one-day stay in Raidestos, ships arrived to collect the army. The army embarked and after two nights and one day, on May 29th, it arrived in Smyrna. A very grand reception was being prepared for His Majesty, King C. XII. The King arrived at noon on "Limnos", along with a destroyer. The people had lined up on the waterfront and were incredibly enthusiastic. The King embarked on a little steamboat and disembarked on the beach where he was awaited by the honorable gentlemen.

Ecstasy prevails throughout the day. Our warships shoot a cannon fire every few minutes. After visiting the military headquarters, the King headed to Kordelio,[34] where he was anxiously expected to arrive at the Palace.[35]

---

34 Kordelio: coastal suburb of Smyrna with a majority of Greek population until 1922.

35 Referring to the Kotzias Mansion, where the King and his entourage were hosted.

Σινέχια τής μεραρχίας. ἐπομένος ἡ μεραρχία κατεβλήσθη ἔξωθεν τής Σμύρνης ἐπή τρείς ἡμέρας.

εἶς τάς 3ην Ιουνίου ἐπηβαστήκαμε εἶς τό τρένω τοῦ αἰδηνίου καθόλην τήν ἡμέραν σηδηροδρωμικός φθάνομεν εἶς τόν Σταθμών ὀρτάντσης ὄπου ἐκείθεν ἔρεεν ὁ ποταμός μέανδρος.[38]

στην ἐπομένην βαδήζομεν βορειωανατολικώς ἐπί ἥντινος ἀποτόμου υπψώματος 1.900 μέτρων.

κατά τῷ ἐσπέρας φθάνομεν εἶς κομῶπολιν μπουλατάν ὄπου ἐδιανυκτερεύσαμεν. μετά τριών ἡμερών πορεῖας φθάνομεν εἰς τον σταθμόν Ινέ[39] ἐπί τίνος χορίου τουρκικοῦ ὀνομαζώμενου

38 Μαίανδρος ποταμός: ποταμός της νοτιοδυτικής Τουρκίας· πηγάζει από την περιοχή του Αφιόν Καραχισάρ και εκβάλλει στο Αιγαίο Πέλαγος, νοτιοανατολικά της Σάμου.

39 Ινέ (τουρκ. İnay): μικρό χωριό βορειοανατολικά του Μπουλαντάν και νοτιοδυτικά του Ουσάκ.

Back to the Division – so, afterwards, the Division camped outside Smyrna for three days.

On June 3rd, we board the train to Aidinio. After a whole day on the train, we arrive at the Station of Ortantza, from where Maiandros River[36] flows.

On the next day, we march north-east, through a steep mountain, 1,900 meters high.

In the evening, we arrive in the town of Boulantan where we spend the night. After a three-day march we arrive at the Station of Ine,[37] close to a village known in Turkish as

36 Maeander river: river of southwestern Turkey; it originates from the Afyonkarahisar region and flows into the Aegean Sea, southeast of Samos.
37 Ine (Turk. İnay): small village located northeast of Buldan and southwest of Uşak.

[47]

κιοπέκ.[40] ἐκεῖ ἔμειναι οἱ μεραρχία ἐπή 10-ἡμέρου. εἶς τάς 23ην Ἰουνίου ἤρχησε Ἡ προέλασεις τοῦ ἐσκί σεχίρ ἀμφιόν Καραχισάρ.[41] εἶς τάς 23 τῷ ἐσπέρας ἐκίνησε οἱ μεραρχία πορευβώμενοι καθώλιν τήν νύκτα. ὅπου φθάνομεν ἐπί τινών ὑπψωμάτων καθόλιν τήν ἡμέραν ἵνα ἀναπαυθῶμεν τήν ἐπομένην ἡμέραν 25 Ἰουνίου ἀφιχθήκαμεν εἶς τά πρῶτα φυλάκια ὅπου ἐδιανυχτέρευσεν ἡ μεραρχία. τήν ἐπομένην 26ην Ἰουν. ἐξακολουθεῖ ἡ πορεία. βαδίζωμεν ἐπή τοῦ ἐχθρικοῦ ἐδάφους ὅπου φθάνωμεν ἐπή τινος χωρίου καί διανυκτ. 27 Ἰουνίου βαδίζομεν καθώλην την ἡμέραν ἐπή ἀποτόμων ὑψωμάτων. κατά τό ἐσπέρας φθάνομεν ἐπί τινών ὑπψωμάτων ὅπου εἶχε ὀχυρωθεῖ ἡ δευτέρα μεραρχία ὠχυρωμένη μέ συρματοπλέγματα. τήν ἐπομένην μένομεν ἐπή αὐτόν τόν ὑπψωμάτων ὅπου ὑπήρχε άφθωνία ὕδατος. 28 Ἰουνίου.

---

40 Κιοπέκ (τουρκ. Göbek): μικρό χωριό στα ανατολικά του Ινέ· σήμερα ονομάζεται «Ulubey».

41 Εσκί Σεχίρ (τουρκ. Eskişehir) και Αφιόν Καραχισάρ (τουρκ. Afyonkarahisar): σημαντικές πόλεις της βορειοδυτικής και κεντροδυτικής Τουρκίας· η νοητή γραμμή που συνδέει τις δύο πόλεις αποτέλεσε το στόχο προέλασης του ελληνικού στρατού το 1921.

[47]

Kiopek.[38] The Division stayed there for 10 days. On June 23rd we started marching towards Eski Sechir and Afion Karachisar.[39] In the evening of the 23rd, the Division continued marching throughout the night, until we reached some hills where we stayed for the day to rest. On the next day, June 25th, we arrived at the first outposts where the Division lodged. On the next day, June 26th, the march continues. We march through enemy territory until we arrive in some village and lodge there. On June 27th, we march throughout the day through steep hills. In the evening, we arrived at some hills where the second Division had been barricaded using wire netting. On the next day, June 28th, we remain on those hills because there is plenty of water.

38 Kiopek (Turk. Göbek): small village located to the east of İnay; it is now called "Ulubey."

39 Eski Sechir (Turk. Eskişehir) and Afion Karachisar (Turk. Afyonkarahisar): important cities in northwestern and central western Turkey. The imaginary line connecting the two cities was the target of the Greek army's advance in 1921.

29 Ἰουνίου πορευώμεθα πρός τό ἀμφιόν Καραχισάρ. φθάνομεν ἐπή τόν ὑψωμάτον τοῦ ἀκζήν[42] ἥτις συνεπλάκη ἡ δευτέρα πυρβολαρχία μέ τό 14ον Σύνταγμα ὅπου καταλαμβάνεται οἱ λόφοι τοῦ ἀμφιόν Καραχισάρ. διανυκτερεύσαμεν ἔξωθεν τοῦ ἀμφιόν [-]. λίαν πρωϊ εἰς 30 Ἰουνίου ἐπητίθυται τῷ 14 Σύνταγμα μέ τήν δευτέραν Πυρ|χίαν ὅπου καταλαμβάνεται τοῦ ἀμφιόν Καρ. ἥτις τήν πρωϊαν πορευβόμενοι οἱ μεραρχία ἔφθασεν ἔξωθεν τοῦ Καραχισάρ ὅπου ἐδηανυκτεύρωσεν. 1η Ἰουλίου Πορεύτηκε οἱ μεραρχία σηδηροδρομηκήν γραμήν ἐσκί σεχίρ. κατά τό ἐσπέρας ἀφίκετο οἱ μεραρχία ἐπή τίνος χωρίου τό ὀποῖον εἶχε ἀποτεφρωθεί ἐκ ΙΙ με/χίας και 1 ὅπου εἶχε λάβει μέρος ἐπή τινών υπψωμάτων.

42 Αταυτοποίητη τοποθεσία.

On the 29th, we march towards Afion Karachisar. We arrive at hill Akzin,[40] where the Second Battery joins the 14th Regiment and conquers the hills of Afion Karachisar. We lodged outside Afion [-]. Early in the morning of June 30th, the 14th Regiment and the Second Battery attack and conquer Afion Karachisar. In the morning, the Division marched and arrived outside Karachisar and lodged there. On July 1st, the division marched towards the railway line of Eski Sechir. Around evening, the division arrived in a village which had been burnt to ashes by Divisions I & II, which had camped on some hills.

40 Non-identified location.

[49]

ὅπου ἡ 1η 2η μεραρχία ἠπέστησαν μεγάλας ἀπολείας συνάμα εἶχε φονευθεῖ ὁ ταγματάρχης τής 1ης μεραρχίας τοῦ Πυρ|κου ἀγαπητός Ι.[43]

τήν πρωϊαν 2ης Ἰουλίου ἡ μεραρχία πορεύται πρός τῷ ἀκήν[44] ὅπου κατά τήν μεσημβρίαν σηναντήσαμεν χωρίον τό ὁποίον ἐκέετω συνάμα δέ φθάνωμεν ἐπη μιάς στενοποῦ.

πλέον τόν δύο ὡρόν πορευβόμενοι οἱ μεραρχία ἐντός τής στενοποῦ αἱ ἐμπροσθωφιλακαί μας φθάνουν εἶς τό τέρμα τής στενοποῦ ὅπου άνέμενεν ὁ ἐχθρός. ὁ ἐχθρός ἀνεμένων τήν μεραρχία. ἥτις φένωνται οἱ ἀνυχνεφταί

βάλει ἕναν κανόνιον. ὅπου λόγω τής νυκτός ἔπαυσον τά πυρά καί ἡ μεραρχία διανυκτερεύη ἐντός τής χαράδρας. τήν προϊαν τής ἐπομένης 3ης Ἰουλίου βαδίζει οἱ μεραρχία πρός τῷ ἀκίν ὅπου ἀντυμετωπήθει μέ πολήάρθημον ἐχθρό. ὅπου ἤρχησε λυσαλέα ἡ μάχη κατά τήν μεσημβρίαν ἀφήκετω ἡ ταξιαρχία ἵππηκοῦ μέ τήν ἔφιπον πηρβολαρχίαν.

---

43 Σύμφωνα με στοιχεία της Διεύθυνσης Ιστορίας Στρατού, ο ταγματάρχης Ιωάννης Αγαπητός σκοτώθηκε την 1η Ιουλίου 1921.

44 Ακίν (τουρκ. Akin): μικρό χωριό νοτιοδυτικά του Σεγίτ Γκαζί.

[49]

There the 1st and 2nd Divisions had suffered great losses and the Major of the 1st Battery Division, I. Agapitos, had been killed.[41]

In the morning of July 2nd, the Division marched towards Akin.[42] At noon, we arrived in a village, which was in flames, and then to a gorge.

The Division marches through the narrow gorge for more than two hours until our vanguard reaches the end of the gorge, where the enemy awaits. The enemy is lurking for the Division. We see the scouts.

A cannon fires. Because of nightfall, fire stopped. The Division spends the night in the gorge. In the morning of the next day, July 3rd, the Division marches towards Akin, where it faces numerous enemy troops. A raging battle begins. At noon, the Cavalry Brigade arrives together with the Mounted Battery.

41 According to information of the Army History Directorate, Major Ioannis Agapitos was killed on July 1st, 1921.
42 Akin: small village southwest of Seyitgazi.

τήν ἴδίαν ἡμέραν ἀπεχωρίζεται ὁ Δεύτερος [-] μέ 41 Σύνταγμα καί κατευθήνονται πρός τό δητηκόν μέρος πρός ἐνύσχησει τής 2ης μερ/χίας ὅπου ἐδιανηκτερεύσαμεν ἐπί τίνος χαράδρας. τήν ἐπομένην 4 Ἰουλίου συναντήθειμεν μέ τήν πρώτην μεραρχίαν ἐπί τινόν δασών ὅπου εἶχαν κατασιντρίπψει τόν ἐχθρόν. σύναμα ὁ ἐχθρός τραπείς εἰς φυγήν ἄφησε 2 πυροβόλα του καί [-] 7 [-] κατά τήν μεσημβρίαν συκεντρόνεται οἱ μεραρχία ἐπι τινόν ὑπψωμάτων καί μένει ἐπί δύο ὥρας. σύναμα ἀναχωρούμεν με 2 ὅρων ἀνάπαυσιν.

On the same day, the Second [-] departed westwards together with the 41st Regiment to support the 2nd Division. We spent the night in a canyon. On the next day, July 4th, we met the 1st Division in a forest, where they had crushed the enemy. Moreover, as the enemy ran off, they left two cannons and [-] 7 [-]. At noon, the Division gathered at a hill and stayed there for two hours. After a 2-hour rest, we departed.

[51]

καί φθάνομεν εἲς τοῦ πρόποδας τῶν ὑπψωμάτων. ἳνα ἀναμένομεν τόν στρατόν τῆς κιουτάχειας.[45] καθώτι ὀ στρατός εἶχε τσακησθεῖ ἐκ τόν ἡμετέρων στρατευμάτον καί ἠνακγάσθει νά ὀπησθωχορήσει ὄπου κατά τό ἐσπέρας συνεπλάκημεν μέ τόν στρατόν τής κιουτάχιας ἤρχισαν νά συνταλάξουν ἀρκετούς Πυροβολισμούς. σύναμα δέ ὀ διηκητής τής Πυρ/χίας εὑρισκόμενος εἲς παρατήριον βλέπει μακρόθεν κρόνους ὥς νά μετέφερον κάρα καί βάλει με ἀπόστασιν 3500 ὄπου ἐκεῖ ἐπορεύετο πλήθος ἐχθρικοῦ πυροβολικοῦ. ὄπου εἶβρε τό στόχω. ὀ ἐχθρός φοβούμενος τήν κύκλωσειν ἠναγκάσθει νά τραπή εἲς πανηκόβλητον φηγήν. ὄπου φθάνει εἲς ἄντσι σαράϊ.[46] τήν πρωϊαν 5 Ἰουλίου ἠ μεραρχία πορεύεται πρός την Σηδηροδρομικήν γραμμήν σηναντώσα καθοδών τά πηροβόλα τά ὀποία ἐγκατέλειψε ὀ ἰχρός. πλέον τόν 15 Πυροβόλων βαρέων.

45 Την Κιουτάχεια (τουρκ. Kütahya) υπερασπιζόταν ο κεμαλικός στρατός υπό τον Ισμέτ Ινονού, πασά και διοικητή του Δυτικού Μετώπου του τουρκικού στρατού.
46 Τουρκ. Üçsaray: μικρό χωριό βόρεια του Ακίν και νοτιοδυτικά του Sarayören.

[51]

We arrive at the foothills of a hill, awaiting the army of Kioutacheia, as the enemy army was crushed by our troops and forced to retreat. In the evening, we engaged with the army of Kioutacheia.[43] They started exchanging fire intensely. Meanwhile, the Battery Commander, stationed at a lookout, saw movement in the distance, like they were moving carriages, and started firing from a distance of 3,500 meters. A lot of enemy artillery was on the move. He hit the target. The enemy, scared of being surrounded, was forced to flee in panic, until they arrived in Antsi Sarai.[44] In the morning of July 5th, the Division marches towards the railway line; on its way, it finds the artillery which the enemy had left behind: more than 15 pieces of heavy artillery.

---

43 Kioutacheia (Turk. Kütahya) was defended by the Kemalist army under Ismet Inonu, pasha and commander of the Western Front of the Turkish army.

44 Turk. Üçsaray: small village north of Akin and southwest of Sarayören.

κατά τό ἑσπέρας ἀφικνίεντο ἐν τή μεραρχία στρατιώτες τοῦ μηκτοῦ ἀποσπάσματος τής ταξιαρχίας καί τοῦ 14ου Συν/ματος καί τής δευτέρας Πυρ/χίας ἥτις ἔπαθε πανολεθρίαν. ὑποστάς μεγάλας ἀπολίας συκεντρωθεῖς ὁ στρατός τής Κιουτάχιας ἐπετέθη ἐναντίον τοῦ ἡμετέρου μηκτοῦ ἀποσπάσματος ἠναγκάσθει να ὀπησθωχορήσει κατόπιν λισαλέας μάχης εἰς τάς 6η Ἰουλίου κατά τῷ ἀπόγευμα πορεύεται ἡ μεραρχία πρός τό ἀλπανόζ.[47] φθάνομεν εἶς ὀρισμένον μέρος καί διανυκτερεύομεν. τήν ἐπομένην φθάνομεν ἔξοθεν τοῦ ἀλπανόζ ὅπου μάς ἀνεμένεν ὁ ἐχθρός.

---

47 Αλπανόζ (τουρκ. Alponos): μικρό χωριό νότια του Εσκί Σεχίρ· σήμερα ονομάζεται «Sarayören».

In the evening, soldiers of the Brigade's Mixed Contingent, the 14th Regiment and the Second Battery arrived; the latter had suffered a big thrashing with great casualties. The Army of Kioutacheia gathered and attacked our Mixed Contingent but was forced to retreat after a fierce battle. On July 6th, in the afternoon, the Division marches towards Alpanoz.[45] We arrive at some place and spend the night there. On the next day, we arrive outside Alpanoz, where the enemy is waiting for us.

45 Alpanoz (Turk. Alponos): small village south of Eski Sechir; today it is known as "Sarayören."

[53]

7η Ἰουλίου. ἀφου ἤγιναν ἀναγνωρίσεις ποῦ θά πορευθή οἱ μεραρχία, ὅπου φθάνει ἀπέναντει τοῦ ἀλπανόζ. ὅπου ἤρχισεν νά βάλουν τά ἐχθρικά πυροβώλα ἐναντίον μᾶς.

ἀμέσως ἀκροβολίζονται τά μάχιμα Συντάματα καί ἤρχισε σφοδρώ πύρ.

οἱ μεραρχία μάχεται: 7 ὥρας ὅπου ὁ ἐχρός ἠνακάσθει νά ὀπεισθοχωρίση ἀφίνον εἰς τό πεδίον τής μάχης νεκρους και 5 πολειβώλα. ἐκ τόν ἠμετέρων νεκροί καί τραυματίε 115. τό δέ ἐγῷ συνέλαβα 2 τούρκους Στρατιώτας ἐχμαλώτους. εἰς τῷ χωρίον ἀλπανόζ. τήν ἐπομένην παραμένομεν ἐπί τοῦ χωρίου ἀλπανόζ ἐπί τίνας ἡμέρας. ὅπου μέ ὀλίγας ἡμέρας φθάνομεν είς ἐσκῃ Σεχίρ.

ὅπου κατεβλήσθημεν ἐξοθεν της πόλεως πλησίον τοῦ ποταμοῦ τοῦ ἐσκισεχίρ.

[53]

July 7th. After reconnaissance as to how the Division would move, it arrived opposite of Alpanoz. The enemy artillery began to fire against us.

The combat Regiments spread out and then started fierce fire.

The Division was fighting for 7 hours, until the enemy was forced to retreat, leaving corpses and 5 machine guns on the battlefield. On our end there were 115 dead and wounded. I arrested 2 Turkish soldiers as prisoners in Alpanoz. On the next day and for a few days we stayed in the village of Alpanoz. A few days later we arrived in Eski Sechir.

We camped outside the city by Eski Sechir's river.

Π. Καρατασάκης

Ἐκστρατεία τής ἀγκύρας

κατά τήν κατάληπψην τοῦ ἐσκή σεχίρ καί αμφιόν Καραχισάρ ἀφίχθη ἡ αὐτοῦ μεγαλιώτης ὁ Βασιλεύς Κωνσταντήνος Β και ὁ Προθυπουργός τής κυβερνήσεως Γούναρης Δ. κατά την ἀφηξείν του ἐσηκγροτήθει πολεμικόν Συμβούλιον. τῶ Συμπέρασμα τοῦ πολεμικοῦ συμβουλίου ήτο ἵνα καταλάβον τήν ἄγκυραν καί καταστρέπψωμεν τάς συδηροδρωμικάς γραμάς καί τά ἐργοστάσια τά εὑρισκόμενα ἐν αγκύρα.[48] ἡ μεραρχία ήστάμενη ἔξωθεν τοῦ ἐσκή σεχίρ διετάχθη νά ἐκκινίσει εἲς τάς 28 Ἰουλίου. πορευβόμενη ἡ μεραρχία καθόλην τήν ἡμέραν κατεβλήσθει τό ἐσπέρας ἐπί τινός

48 Στο πολεμικό συμβούλιο, το οποίο έλαβε χώρα στην Κιουτάχεια στις 15 Ιουλίου 1921 με τη συμμετοχή του Βασιλιά Κωνσταντίνου, του πρωθυπουργού Δημητρίου Γούναρη και άλλων αξιωματούχων, αποφασίστηκε η περαιτέρω προέλαση του ελληνικού στρατού πέρα από τη γραμμή Εσκί Σεχίρ – Αφιόν Καραχισάρ προς την Άγκυρα.

P. Karatasakis

The Ankara Campaign

After we captured Eski Sechir and Afion Karachisar, his Majesty, King Constantine II, and D. Gounaris, the Prime Minister of the government, arrived. Upon their arrival, a War Council was assembled. The conclusion of the War Council was to capture Ankara and destroy the railway lines and the factories located there.[46] The Division, located outside Eski Sechir, was ordered to set out on July 28th. The Division marched the whole day, and, in the evening, it camped at a

46 At the war council, which took place in Kioutacheia on July 15, 1921, with the participation of King Constantine, Prime Minister Dimitrios Gounaris, and other officials, it was decided to further advance the Greek army beyond the line of Eskishehir - Afyonkarahisar towards Ankara.

[55]

χορίου μομλσομανικοῦ. τήν πρωΐαν τής 29 Ἰουλίου ἐξακολουθών ἡ μεραρχία νά πορεύται φθάνει εἴς χωρίον τουρκικόν ἐπι τοῦ ὀποίου κατεβλήσθει ἡ μεραρχία.

1η Αυγούστου ἀνεχόρησε ἡ μεραρχία πορευβόμενοι πρός τήν κομῶπολιν χαμουδιέ[49] ἥτις ἐδιανυκτέρευσεν.

2α Αὐγούστου. τήν ἐπομένην ἡ μεραρχία συνεχήζει νά βαδίζει πρός νότιον ἀνατολικόν. ὅπου καί φθάνει ἐπί τινος χωρίου τουρκικοῦ. ὅπου οἱ ἄνδρες εἶχον κουρασθεῖ. καί ὑπέφερον ἐκ τής δήπψης. τέλος κατεβλήσει οἱ μεραρχία. μετά παρέλευσην τής μεσιβρείας ἐνεφανίσθει ἐχθρικόν ἀεροπλάνων ἄνωθεν τοῦ καταβλησμοῦ τής μεραρχίας. ὅπου διέσπηρε προκυρίξεις τοῦ μουσταφά κεμάλ. 3η τήν πρωΐαν οἱ μεραρχία πορευται πρός τήν πόλιν Ἰουστιανούπολιν ἀρχέα Βυζαντυνή πόλις.[50] ἄνωθεν τής πόλεως ὑπάρχη πετρώδις λόφος μέ ὀχυρόν φρούριον.

49 Χαμουδιέ (τουρκ. Hamidiye): μικρό χωριό μεταξύ Εσκί Σεχίρ και Αγκύρας, βόρεια του Σιβριχισάρ.
50 Αναφέρεται στο Σιβριχισάρ (τουρκ. Sivrihisar), κωμόπολη νοτιοανατολικά του Εσκί Σεχίρ.

[55]

Muslim village. In the morning of July 29th, the Division continues to march. It reaches a Turkish village and camps there.

August 1st: The Division departed heading towards the town of Chamoudie[47] where it lodged.

August 2nd: On the next day, the Division kept marching southeast, until it arrived in a Turkish village. The men were tired and suffered because of the thirst. The Division camped there. In the afternoon, an enemy airplane showed up above the Division's camp and dropped proclamations of Moustafa Kemal. On the 3rd, in the morning, the Division marched to Ioustinianoupolis, an ancient Byzantine city.[48] Above the city there is a rocky hill with a fortress.

---

47 Chamoudie (Turk. Hamidiye): small village between Eskişehir and Ankara, north of Sivrihisar.

48 Refers to Sivrihisar, town southeast of Eskişehir.

τήν 4ην μένομεν ἐπή τής εἰδείας πόλεως ἵνα ἀναπαυθῶμεν. τήν πέμπτην βαδίζουσα ἡ μερ/χία πρός τόν Σαγγάριον ποταμόν.[51] Τήν ἡμέραν αὐτήν ὑποφέραμε δεινός ἀπό δήψαν. τέλος ἐκαταβλήσθημεν πέριξ τοῦ ποταμοῦ ὁπου καί παραμέναμεν. ἐπεῖ μίαν ἡμέραν έστάθμευσε δέ καί ἕν ἀερῳπλάνον. τήν 6ην ἀναχωρήσασα ἡ μεραρχία διαβάντες τόν ποταμόν τήν 10ην ὥραν Π.Μ. βαδίζοντες καί κατευθυνόμενοι πρός τήν ἁλμυράν ἔρημον[52] κατά τό ἐσπέρας ἐφθάσαμεν πλησίον ἑνός παραποτάμου τοῦ Σαγγαρίου εἰς ἕν ὀθωμανικόν χωρίον τήν 7ην τήν ἑπομένην τήν προΐαν ἐδιανεμήθη τεϊον ἄνευ ζαχάρεος. ἡ μεραρχία διαμένη ἐντός τοῦ καβλισμοῦ καί ἀναμένη δηαταγῇ. ἡ σχηματησμοί ἤρχισαν νά παρασκευβάζουν συσσείτιον. συνάμα δέ αίφνηδείος διαιτάχθημεν νά ἀναχωρήσομεν. καθώτι τό συσίτιον δέν εἶχε παρασκευασθεί ἠναγκάσθησαν

51 Σαγγάριος ποταμός (τουρκ. Sakarya): ο τρίτος μεγαλύτερος ποταμός της Τουρκίας· πηγάζει από την πόλη Αφιόν και εκβάλλει στη Μαύρη Θάλασσα.

52 Αλμυρά Έρημος: ευρύτατο οροπέδιο με ελάχιστη βλάστηση μεταξύ των λιμνών Ακσεχίρ (Akşehir Gölü) και Τουζ (Tuz Gölü).

On the 4th, we stayed in this city to rest. On the 5th the Division marched towards Sangarios River.[49] We suffered of thirst on that day and eventually we camped by the river. We stayed there for one day. A plane also landed there. On the 6th, the Division departed, and we crossed the river at 10AM. We were marching, heading towards the Salt Desert,[50] and in the evening, we arrived at a tributary of Sangarios, at an Ottoman village. On the next day, the 7th, they distributed tea without sugar. The Division stayed inside the camp awaiting orders. The formations started preparing meals. But suddenly we were ordered to depart. And as meal had not been prepared yet,

49 Sangarios river (Turk. Sakarya): the third largest river of Turkey; it originates from the city of Afyon and empties into the Black Sea.
50 Salt Desert: vast plateau with minimal vegetation between the lakes of Akşehir (Akşehir Gölü) and Tuz (Tuz Gölü).

[57]

οἱ μάγηροι νά μεταφέρουσειν τό σεισήτιον ἐντός σάκου. τό σεισήτιον ἦτο Πατάτες. καθοδών οἱ μάγεροι ἔφαγον τής πατάτες. ἐνῷ ἀφιχθήκαμεν εἶς τόν καβλησμών. ὅπου έτρεχεν παραπόταμος τοῦ Σαγαρίου. εἶς ἀυτήν τήν περιφέριαν εἶχε συκγετρωθεῖ ὅλο τό πρώτο καί 2° Σώμα στρατοῦ. τήν 9ην ἀναχωρούμεν ἐκ τοῦ καταβλησμοῦ. καί βαδίζομεν ἄνο τόν 2 ωρών πορεῖας καί μένωμεν εἶς ἤνα χωρίον τουρκικόν.

τήν προϊαν τής 10 τοῦ μηνός Αυγούστου ἡ μεραρχία λαμβάνει κατεύθσι εἶς τάς γραμάς τούς ὁποίας μάς ἀναμένη ὁ εχρός. οἱ μεραρχία βαδήζει καθόλην τήν ἡμέραν εἶς τήν ἀκτήν τής ἀλμυράς ἐρήμου. χορής νά συναντήσωμαι ὕδωρ κατά τήν μεσημβρίαν φθάνομεν ἐντός μιάς χαράδρος. ὅπου ὑπήρχε μιά Κρήνει. ὅλος ὁ στρατός καταδυπψασμένος ἀγονήζεται ἵνα προμηθευθή ὕδωρ ἀλλά ματαίως οἱ κόποι τόν γεναῖον φαντάρων. μία θλήπψεις ἐπικρατεί εἰς τήν Κρήνην ληποθημούν ἡ στρατιώται ἐκ τής δήπψης. καθοδών. ἡ μεραρχία βαδίζει πρός τά ἐμπρός ὅπου μάς ἀναμένει ἡ Πρώτη μεραρχία. διερχόμενοι ἐπή τινός πεδιάδος καί διαμένομεν ὅπου ἔτρεχεν μικρόν ῥυάκιον. κατά τό ἐσπέρας εἶρχησε νά βρέχη καί να φυσά μέγας ἄνεμος.

[57]

the cooks had to transfer the meals in bags. Potatoes were the meal. On the way, the cooks ate the potatoes. We arrived at the camp, where a tributary of Sangarios flows. The entire 1st and 2nd Army Corps had gathered in this area. On the 9th, we departed from the camp, and we were marching. After marching for more than two hours, we arrived in a Turkish village and stayed there.

In the morning of August 10th, the Division is headed towards the front where the enemy waits for us. The Division marches throughout the day through the Salt Desert, without finding any water. At noon we arrive at a canyon where there is a spring. The entire army is parched and struggles to get some water, but the efforts of the brave soldiers are futile. There is sadness around the spring: soldiers fainting because of their thirst. The Division marches forth, where the First Division awaits. We go through some valley, and camp at a location where there is a little stream. In the evening, it started to rain, and a strong wind started blowing.

11 τῷ πρωϊ ἀναχωρί ἡ μεραρχία πρός τούς ὀχυρομένους λόφους. ὅπου εἶχε λάβη μέρος ἡ πρώτη μεραρχία. εἶς τό μέρος τό ὁποίον ἔπρεπε νά διέλθωμεν ἵνα αντυμετρηθώμεν μετά τοῦ ἐχθροῦ. ὑπήρχε χαράδρα ἐπή τής ὁποίας ἦτο ἀδύνατον νά δηέλθει στράτευμα τήν ἡμέραν. ἐπομένος. ἔγκριναν καλόν ἡ ἐξόρμησεις νά γίνει τήν νύκτα. Βαδίζει ἡ 1η μεραρχία καί ἡ Δευτέρα. ἥτις αρχήζει

At 11 in the morning, the Division departed towards the fortified hills, where the 1st Division was stationed. In order to confront the enemy, we had to reach a location where there was a canyon. But it was impossible for an army to pass through it during the day. So, they thought it would be better to move forward at night. The 1st and 2nd Divisions march; beginning of

[59]

ἡ μάχη. ἡ 12η μεραρχία μένει ἐφεδρία. πορευώμενοι οἱ μεραρχία διήρχετο τήν χαράδραν.

ἡ μεραρχία βάλεται ὑπό ἐχθρικοῦ πυρ/κοῦ. ἀλλά εὐτυχῶς τά βλήματα ἐκράγονται μακρόν τόν σκαιγεντρουμένουν τμημάτον. καθόλιν τήν νύκτα μάχονται λησωδός ἡ 2α 1η μεραρχία.

κατά τήν πρωϊαν ἐξακουλουθή τό πύρ. ὅπου λαμβάνουν μέρος καί τμήματα τής 12ης μεραρχίας. συνάμα καί ἡ πυρβολαρχία μου. βάλει ἐπή τόν ὑποψάτον τοῦ ἐχθροῦ ἀκαταπαύστως τό πυροβωλικόν. τοῦ σώματος ἡ μάχη ἐξακολουθεῖ λησαλέα. μέ σοβαράς ἀπολείας. κατά τήν μεσιμβρίαν ἐπητίθεται τό πεζικόν μας καί εὐθύς καταλαμβάνεται ὁ λόφος ἥν εἶχε ὀχυρωθεῖ ὁ ἐχρός. ἐβροισκόμενος ὁ στρατός μᾶς ἐπή τοῦ καταληυθέντος λόφου ὁ ἐχρός βάλει. διά τοῦ πυρωβολικοῦ τοῦ. σφοδρόν πύρ. ἀντυπητείθεται ὁ ἐχθρός καί καταλαμβάνει τόν λόφον.

[59]

the battle. The 12th Division stays behind in the wings. The Division was moving forward, crossing the canyon.

The Division is attacked by enemy artillery, but, fortunately, the missiles explode far from the gathered troops. The 1st and 2nd Divisions fight fiercely throughout the night.

In the morning, fire continues. Troops of the 12th Division participate as well. My Battery too. The Corps's artillery fires against the enemy positions unstoppably. The battle is still raging, with significant casualties. At noon our Infantry attacks and the hill where the enemy had been fortified is immediately captured. The enemy artillery fires, while our army is on the captured hill. Fierce fire. The enemy attacks back and recaptures the hill.

ἧν ἡπέστησαν μεγάλας ἀπολείας οἱ οἱμέτεροι. σύναμα δέ συνεληύθειον καί ἐχμάλωτοι δηκοί μας. ὑπό τοῦ τούρκου. ἐξακολουθεί νά καίεται τῷ ἥπψωμα ἐκ τόν ἐκραγησών ὀβίδων. τήν ἐπομένην ἐξακολουθούν νά ἀνταλάσουν πυροβολησμούς. κατά τῷ ἐσπέρας προετημάζεται νά γήνει γενικοί ἐξόρμισεις τοῦ σώματος ὅπου κατά τό ἐσπέρας ἡ ὤρα ἐπτά ἀρχίζει ἡ ἐπήθεσεις λησαλέα. τῷ πεζηκό μας μάχεται ὅς νά εἶναι λέοντες. 60 πυροβώλα τού σόματος βάζουν πύρ κατά θέλησειν τά ὑψόμματα ἀνασκάσοντας βήμα πρός βήμα. ὅλλος ὁ τόπος καίεται ἀπό τάς ὀβίδας. κατά τάς 12η ὅρας τής νυκτός ὁ ἐχθρός ἠνακάζεται νά ἐγκαταλήψει τούς ὀχυρούς λόφους μέ μεγάλας ἀπολείας νεκρούς καί τραυματείας. κατά τήν πρωϊαν τής 15ης Αὐγούστου ὁ στρατός μένει ὅλλος ἐκῇ.

Our troops suffered great losses there, and many were taken prisoners by the Turks. The hill is still on fire due to exploded bombs. On the next day, we continue to exchange fire. In the evening, a general attack of the Corps is prepared. Around 7 o' clock in the evening a fierce attack begins. Our Infantry soldiers fight like lions. 60 machine guns of our Corps fire against the hill at will, blowing it up step by step. The whole place is burnt by the bombshells. Around 12 at night, the enemy is forced to abandon the fortified hills with severe casualties, dead and wounded. On the morning of August 15th, the entire Army stays there.

[61]

16 αὐγούστου. μένομεν ἐπῆ τοῦ καταληφθέντος λόφου. 17 αὐγούστου. προκεκαλημένοι ἡ μεραρχία βαδήζει ἐπῆ μιάς στενοποῦ χαράδρος.

ὅπου φθάνει εἶς τοῦς πρόποδας τοῦ ἀρτήζ Τάζ.[53] δεξιά μάχεται τό 14ον Σύνταγμα ἀριστερά ἡ 2α μεραρχία. ἐξακολουθεῖ ἡ μάχη. ἐπητίθεται το 41ον Σύνταγμα ἐπή τοῦ ὑπόματος ἀρτιζ.

τό πυροβολικόν βάλει ἀδιακόπος τῷ πεζικό μας μετά λησωδεστάτης μάχης καταλαμβάνει τό ὑπψόμα. μετά τήν κατάλιψην τοῦ ὑπψώματος ὁ ἐχθρός βάλει διά τοῦ πυροβωλικοῦ του. ἡ οἱμέτεροι ἠνακάσθησαν νά ἐκγαταλήπψουν τόν λόφον. ὅπου ἡ ὄρα παρῆλθε καί πυροβωλικόν μας σχιδών εἶχαν καταναλώσει ὅλλα τά πυρομαχικά μικρός ἀρηθμός εὑρίσκεται ἀκόμι καθόλιν τήν νύκτα ἀνταλάσονται πυροβωλισμοί. ὅπου ὁ ἐχθρός κατά τήν πρωϊαν ἠναγκάσθει νά ὀπησθωχορείση πρός τό γιάπά χαμάμ κομώπολις[54] ἀφίνον νεκρούς καί χιλιάδων Ποιμνίων. οἱ νεκροί καί τραυματίαι ἡμέτεροι δέν εἶναι ὀλίγοι. μέγας ἀριθμός.

---

53 Ardiz Dag: όρος στην περιοχή του Haymana.

54 Τουρκ. Yaban Hamamı: παλαιότερη ονομασία της κωμόπολης Haymana.

[61]

August 16th – we stay at the captured hill. August 17th – the Division, secured, marches through a narrow gorge,

until it reaches the foothills of Artiz Daz.[51] On our right, the 14th Regiment fights; on the left, there is the 2nd Division. The battle continues. The 41st Regiment attacks against the Artiz hill.

The artillery fires unstoppably. Our infantry captures the hill after a fierce battle. After the hill's capture, the enemy artillery starts firing. Our troops had to abandon the hill. Time passed and our artillery had almost used up all the ammunition, with just a little still left. Throughout the night fire is exchanged, until the enemy is forced to retreat to the town of Yaban Hamami[52] in the morning, leaving corpses and thousands of sheep. The dead and wounded on our side are not a few; a great number.

51 Ardiz Dag: mountain in the area of Haymana.
52 Turk. Yaban Hamamı: older name of the town of Haymana.

μένομεν ἀμυνόμενοι τήν $20^{\text{ην}}$ $21^{\text{τήν}}$ 22 23 24 25 26 27 28 ὅπου καθημερινός ἀνταλάσονται πηροβολισμοί. οἱ ἄνδρες ὑποφέρουν ἐκ τής πίνεις πλέον τό 10 ἡμερών τῷ σόμα στερήται ἀπό πηρομαχηκά. κατά τάς ἡμέρας τάς ὁποίας διεμέναμεν ἐπί τοῦ ἀρτήζ. ὁ ἐχθρός ἀνεκάληπψε διατή μένομεν ἀμεινόμενοι καί δέν ἐξακολουθοῦμεν τήν ἐπήθεσειν. ἀνακάληπψαν ὅτι εἴχαμαι ἔληπψει Πῦρομαχικόν καί κατά τάς 27 μέ 28 ἐπητίθεται εἷς ὁλόκληρον τόν μέτοπον άλλα τώται εἴχαμε ἐφόδιω βλημάτων.

We stay there on the 20th, 21st, 22, 23, 24, 25, 26, 27, 28, defending. There is fire-exchange every day. The men suffer of hunger. For over 10 days, the Corps has been going without ammunition. During the days while we were staying at Artiz, the enemy realized why we were staying there, defending our position, instead of continuing the attack. They realized that we were short of ammunition. On the 27th and the 28th, the enemy attacked the entire front. But we still had some missile supplies then.

[63]

ὅπου ματαίος ἦτο ἡ ἐπήθεσεις τοῦ ὑποστείς σοβαρωτάτας ἀπολείας.

ὁ ἄτιμος καί θεριόδης ἐχθρός κατά τήν προέλασειν τοῦ ἀρτήζ οἱ διαβάντες ἔξωθεν ἀγνῶστου τινός χωρίου. εἶδων τρομερόν θέαμα εἰς τά πρόθυρα τοῦ χωρίου. δεδεμένα ἀκόμη ἐπῆ πασάλων διά τηλεφωνικοῦ καλωδίου ἵστατο ὀρθά τά ἀπηνθρακακωμένα πτώματα τεσσάρων Ἑλλήνων στρατιωτόν οἵτηνες συληφθένταις αἴχμαλωτοι αἴκαησαν ζώντες ἀφου τούς ἤλειψαν μέ αἶλεον.

ἡτυθεῖς ὁ ἐχθρός εἶχει ἀποσυρθεῖς 1500 ἕως 2000 χιλιάδων μέτρων. εἰς τό μέσον ὑπήρχε ἡ Κομώπολις οἱ ὀποία δέν κατοίχετω οὔτε ἀπό τούς τοῦρκους οὔτε καί τόν ἠμετέρον.

[63]

And their attacks were in vain, and they suffered severe losses.

The enemy is ignoble and bestial. While some of our troops were marching through Artiz, they came across a village and a terrible sight at its entrance. The corpses of four Greek soldiers were still standing, burnt, tied to stakes with telephone cables. They had been captured and burnt alive, after being covered with oil.

Defeated, the enemy had retreated about 1,500 or 2,000 meters away. In the middle, there was a town, controlled neither by the Turks nor by us.

Αἱ απόλιαι τοῦ Α ΣΣ

κατά τήν τρίτην ἡμέραν εἶναι ἀξοματηκοί νεκροί 11 τραυματίαι 50 ὀπλίται νεκροί 167 τραυματίαι 1555 ἐξαφανισθένταις 109.

αἱ ἀπολίαι σοβαραί βεβαίος ἀλλά δια αὐτών ἐπετευχθη καί τό ἐπιδηοκόμενον ἀποτέλεσμα ἦτο ἐξασφάλησεις τοῦ ἐφοδιασμοῦ διά τής ἐπή τοῦ Σαγαρίου ποταμοῦ γεφύρας Βαβουντζή Κιουπροῦ.[55]

Η νίκη αὐτή μετά τήν τριήμερον μάχην εἶναι ἀπό τάς λαμπροτέρας τοῦ ἐλινηκοῦ στρατοῦ ἐν τῆς νεωτέρας ἱστορίας του. κατά τήν μάχην δέ ταύτην κατεδήχθεισαν καί πάλην περιφανώς ὅλα τά προσοντα τοῦ ἔληνος Στρατιώτου. οἱ ἄνδρες ἐμάχοντο καθ' ὅλας τάς ἡμέρας ἐπή τόν ἀποτόμων κλητίων τόν ὀρέων τοῦ τσαλ[56] καί αλτίζ καί ἐπή τόν ἀπροσήτον μερών των ὑπό τοῦ φοβερού καύσωνος τοῦ αὐγούστου ἀλλα καί ὑπό τό δριμύτατον ψύχος τής νυκτός στερούμενοι τροφή καί αὐτοῦ τοῦ ὕδατος οὐδ' ἡ ἀνάγκη εἶς περιῆλθον νά βράζουν

55 Στα τουρκικά «köprü» σημαίνει «γέφυρα».
56 Cal Dag: όρος στην περιοχή του Haymana, κοντά το Ardiz Dag.

The casualties of the 1st Army Corps.

On the third day, there are 11 officers dead and 50 wounded; 167 dead soldiers and 1,555 wounded. 109 soldiers are missing.

The losses are significant, of course, but because of them the desired outcome was accomplished, that is, supplies were secured through the Vavountzi Kioprou bridge[53] of the Sangarios River.

This victory, after a three-day battle, is one of the most glorious in the recent history of the Greek Army. Once again, all the virtues of the Greek soldier were proudly showcased in this battle. The men fought throughout all those days on the steep slopes and the inaccessible areas of the Tzal[54] and Ardiz Mountains, under the terrible heatwave of August and the harsh cold of the night, deprived of food and even of water; and nor did the need in which they ended up to boil

53 In Turkish, "köprü" means "bridge."

54 Cal Dag: mountain the area of Haymana, close to Ardiz Dag.

[65]

προχείρος σῖτον καί νά τρώγουν όσάκις ὡς ἐδίδετω εὔχερία. ἠδεινήθη νά μειώση ἔστω καί ἐπί στηγμίν τό ψυχικόν σθένος των την περιφρόνησειν των πρός τάς κακουχίας τάς στερήσεις τούς κυνδήνους καί αὐτόν τόν θάνατον. ὁ διελθόν ὅλας αὐτάς τάς κακουχίας τής μικράς ἀσείας ἥν ἐσήντακξα πρός ἐνθύμιον τής ἐκστρατείας τής ἀγύρας. ἥν οἱ τὺχοι ηὐδόκησεν νά σοθῶμεν ἐκ τοῦ φοβεροῦ κηνδύνου.

Π. Καρατασάκης

Καταγόμενος ἐκ Γρανίτσης τοῦ Δήμου Νυμφασείας τής ἐπαρχίας Γορτυνίας τοῦ Νομοῦ ἀρκαδίας

ὁ ὑίδειος

Π. Καρατασάκης

Πυροτεχνίτης ἔφεδρος

[65]

some wheat pell-mell and eat it whenever they had the opportunity, manage to lower, not even for one moment, their mental courage and their disregard for the hardships, the deprivations, the perils and death itself. Someone who went through all these hardships of Asia Minor wrote this as a remembrance of the Ankara campaign, whose grave danger we were lucky to survive.

P. Karatasakis

Originating from Granitsa of the Municipality of Nymfasia of the Province of Gortynia of the Prefecture of Arcadia.

the same, P. Karatasakis

Reservist Pyrotechnic

[67]

Γενικεῖ ὑπωχόρησεις τής Στρατιάς ἀπό τα πορθυρα τής Ἀγκύρας.

Κατά τήν 28ην τοῦ μηνός αὐγούστου διετάχθει ἡ γενικεῖ ὑποχώρησεις. κατά τήν ὑποχώρησειν ἡ XII μεραρχία ἔλαβε δηεύθησειν πρός τόν νότων τῆς αλμυράς ἐρήμου πρός τό ταμπούρ όγλοῦ.[57]

τήν ἐικοστήν ἐνάτην εὐρίσκετο εἶς τά πρόην ὑπψώματα ὅπου εἶχε ἀρχήσει εἰ ἐπήθεσεις. τήν 29ην κατά τῷ μεσονύκτηον ἀνεχώρισε ἡ μοίρα μέ τῷ 41ον Σύν/μα πλαγιωφιλακή ὁλοκλήρου τής στρατῆας. τῷ τμήμα τό ἀποχορησθέν ἐκ τής μεραρχίας πορεύεται καθόλην τήν νύκτα καί συνεχίζει τήν πορεία μέχρι την μεσημβρίαν.

57 Ταμπούρογλου (τουρκ. Taburoglu): πρόκειται για μικρό χωριό κοντά στο χωριό Demirözü.

[67]

The General Retreat of the Army from the doorstep of Ankara

On the 28th of month August, a general retreat was ordered. During the retreat, Division XII was ordered to head south of the Salt Desert, to Tampouroglou.[55]

On the 29th, it was on a hill where the battle had taken place. On the 29th, at midnight, the squadron departed together with the 41st Regiment. This was the side-defense of the entire Army. The part of the Division that departed marched throughout the night and continued its march until noon.

55 Tampouroglou (Turk. Taburoglu): small village close to the village of Demirözü.

κατά τάς 2° ἡ ὤρα εἶς ἀριστερό μας ἐνεφανήσθησαν φάλαγκες ἐχθρικές.

καί ἐντός ὀλίγου ἤννηξαν μάχη μετά τοῦ ἐχροῦ. ἐν τῷ μεταξή τάσονται πρός πυροβώλησειν αἱ πηρβωλαρχίαι καί ἤρχησαν νά βάλουν ἐναντήον τοῦ ἐχθροῦ τό ἀπόσπασμα μάχεται μέχρι τάς 4ης Περίπου ἡ ὤρα. εἶς τό δεξιόν μάς εἶχε βαδήσει ἡ μεραρχία καί εἶχε σταματήσει καί μάς ἀνέμεναι. συνάμα ἀφηθχεί εἶς ἀνθυπήλαρχος εἶς τό μαχομένω τμήμα. καί εἶπεν ὤπος ἀναχωρή πάραυτα τό ἀπόσπασμα διά τήν μεραρχία. μαχόμενω τό τμήμα ἤρχησε νά ὀπησθωχορεῖ.

Around 2 o' clock, enemy phalanxes showed up on our left.

Soon after, a battle started with the enemy. Meanwhile, the Battery took position for fire, and started firing against the enemy. The contingent fought until approximately 4 o' clock. The Division had arrived, on our right, and had stopped, waiting for us. Meanwhile, a Second Lieutenant arrived at the battlefield and said that the contingent should leave and join the Division right away. So, the contingent started retreating while still fighting.

[69]

ὁ ἐχθρός ἀντυληφθείς τήν ὀπησθωχόρησειν ἐπετέθη ἴπυκῷ ἐναντήον τό ἡμετέρων. Κατά τήν ὀπησθοχόρησειν ἀφότου ἐφόρτωναι ὁ οὐλαμός τής πρώτης πυρβολαρχίας ἦτο ορατός ὑποῦ τοῦ ἐχθρικοῦ πυρ/κοῦ καί ἀμέσως ο ἐχθρός βάλει διά πεδηνοῦ πηρωβωληκοῦ ἐναντήον τοῦ οὐλαμοῦ. ὁ οὐλαμός βαδήζει. διεύθυσειν πρός τά ὀπησθοχωρόντα τμήματα. Βάλεται ἀδιακόπος ἀλλά εὐτυχώς οὐδείς τραυματίας. τῷ ἴππηκό μάς πλησιάζει καί θέλει μάς περικυκλώσει ἀμέσως ἐστάλη πρός ἐνύσχησειν τό 46^{ον} σύνταγμα καί διά σφοδρωτάτης μάχης. ἐσταμάτησαν καί κεπρωχορημένα τμήματα τοῦ ἐχθροῦ. ἐξακολουθή νά μάχεται τό ἀπόσπασμα μέ τό ἐσπέρας. μετά παρέλευσειν ἡμήσιας ὥρας νυκτός. ἐπασαν ἡ πηροβολισμοί καί τῷ ἀπόσπασμα βαδήζει πρός τήν μεραρχίαν. παρακολουθών τήν μεραρχίαν καθόλην τήν νύκτα ἳνα διαβωμεν τόν σαγάριον. κατά τήν προϊαν δηἳλθαμεν τό Σαγάριον Ποταμών.

ὅπου εἰς τήν ἀντύπεραν ὄχθην τοῦ Σαγαρίου εἶχον σταματήσει ὅλλα τά τμήματα τής στρατιάς. ἔχρος οὐδαμοῦ φένεται. μόνον εἰς τό δεξιόν τοῦ 3^{ου} Σώματος ἀκούονται ἀρεϊ πυροβολησμοί. κατά τήν μεσιμβρίαν ένεφανήσθει ἐχρηκόν ἀεροπλάνων ἄνωθεν τόν καταβλησθέντον τμημάτον. καί βαδίζει τμήμα στρατοῦ. τό ἐχθρικόν αἰρωπλάνων διερχόμενων ἄνωθεν τής φάλαγγος ἐβοβάρδησε διά βόμβων. τό τμήμα ἡποστός 60 ἀπολείας. τραυματίας καί νεκρούς.

[69]

The enemy realized the retreat and attacked us with cavalry. During the retreat, as the platoon of the 1st Battery was loading, it was visible by the enemy artillery, and immediately the enemy's low howitzer started firing against the platoon. The platoon kept marching backwards, towards the retreating units. It was being fired against unstoppably, but fortunately no one was wounded. The enemy cavalry approached and wanted to surround us. Immediately, the 46th Regiment was sent for support, and after a fierce battle, even the advancing enemy units were stopped. The contingent kept fighting in the evening. Shootings ceased after half an hour after midnight, and the contingent marched towards the Division. It was watching the Division throughout the night so that we could cross Sangarios. In the morning, we crossed the Sangarios River.

All the Army's units had gathered on the opposite bank of the river. No sight of the enemy. Some shootings can be heard only from the right side of the 3rd Corps. At noon, an enemy airplane showed up above the camping units. Part of the army was on the move. The enemy airplane flew above the phalanx and dropped bombs. The unit incurred 60 wounded and dead.

[71]

ὄλλα τά πυροβολικά βάλλουν ἐναντίον τοῦ ἐχθρικοῦ ἀεροπλάνου. ἴναγκάσθει νά τραπῇ εἰς φυγήν.

τήν εἴδιαν ἡμέρα 31ην τοῦ μηνός αὐγούστου ἡ μεραρχία βαδήζει πρός τόν νότον ὅπου καί φνάθει εἶς ὁρισμένον μέρος καί διανηκτερεύη. τήν ἐπομένην τῇ 1η Νοεμβρίου[58] λαμβάνουν δηεύθεισην πρός νοτηωδητηκόν. κατά τήν μεσιμβρίαν φθάνωμεν εἶς τήνα τουρκικά χορία ὅπου ἠπῆρχον ἄφθωνα ἀμπέλια. βαδήζει ἡ μοίρα μέ τῷ 46ον Συν/μα πρός τόν ποταμόν ὅπου ἠπύρχε μία γέφυρα. κατά τό ἐσπέρας φθάνωμεν ἐς τή ὁρισμένον μέρος. καί διανυτερέβουμεν. τήν ἐπομένην μένομενων ἐπή τοῦ εἰδείου Καβλησμοῦ. 3ην Νοεμβρίου καί 4ην Νοεμ. καί 5ην Νοεμβρίου. κατά τήν πέμτην Νοεμβρίου ἐπητήθονται τουρκηκά τμήματα ἐναντείον λόχου σκαμπανέον ὁ ὁποίος παρέμεναι εἶς τήν γέφυραν ἀναμένον διαταγήν. νά χαλάση τῇ γέφυρα ἐπητήθονται οἶπεις τούρκοι ὁ λόχος σκαμπανεον ἠναγκάσθει νά ἐγκαταλέιπψη τῇ γέφυρος.

58 Φαίνεται πως η συγκεκριμένη ημερομηνία και αυτές που ακολουθούν στη σελίδα αυτή είναι λάθος. Διορθ. «Σεπτεμβρίου».

[71]

All our artillery fires against the enemy airplane, forcing it to flee.

On the same day, the 31st of August, the Division marches to the south, until it reaches some place and spends the night there. On the next day, on November 1st,[56] the Division heads southwest. At noon, we arrive in some Turkish villages, where there are plenty of vines. The squadron and the 45th Regiment march towards the river, where there is a bridge. In the evening, we arrive at our destination and spend the night. On the next day, we stay at the same camp. Same on November 3rd, the 4th, and the 5th. On November 5th, Turkish units attack the sappers' company. The company was staying at the bridge, awaiting orders to bring down the bridge. The Turkish cavalry attacked the company, which had to abandon the bridge.

56 It seems that this specific date and those following on this page are wrong. Corr. "September."

τό 46ον συν/μα ἀντηληφθείς τήν διάβασειν τοῦ ἐχθροῦ ἐπετέθη ἐναντίον τοῦ καί ἤρχησαν μάχη μετά 3ον μάχην ὁ ἐχθρός ὀπησθωχορόν διήλθε πάλιν την ἀντύπεραν ὄχθην τοῦ ποταμοῦ.

ἐν τό μεταξή παρήλθε ἡ ώρα και ἤρχισαιν νά νυγντόνη ὅπου διετάχημεν νά ὀπισθωρίσωμεν. ἡ ὀπησθωχόρισεις ἤρχησε εἶς 8 ἡ ώρα τήν νύκτα. πορευώμενων τό ἀπόσπασμα διήρχετο ἐκ τού ἀπετεφρωμένου τουρκικού

Realizing that the enemy crossed the river, the 46th Regiment attacked them, and a battle began. After three combats, the enemy retreated and crossed the river back to the opposite bank.

Meanwhile, time had passed, and as it started to get dark, we were ordered to retreat. The retreat started at 8 o' clock at night. While marching, the contingent came across a burnt Turkish

[73]

χωρίου ὅπου ἡ φλόγα τής πηρώς εἶχε σχηματίσει εἰς τόν οὐρανόν ἐρυθά σύννεφα. πορευόμενει καθόλην τήν νύκτα μέχρι τής πρωΐας διετάχθημεν νά παραμείνωμεν καθώς καί ἐμείναμεν καθόλην τήν ἡμέραν τρώγοντας καθόλιν τήν ἡμέραν σταφιλάς. ὅπου ὑπήρχον ἄφνοναι.

κατά τό ἐσπέρας διτάχημεν καί πάλιν νά ἀναχωρίσωμεν. βαδίζωμαι καθῶς καί τήν προηγουμένην νύκτα. ἐγῷ σύρω μίαν ὄνον ἐπηφορτισμένει μέ διάφορα φαγόσυμα εἴδη σταφυλάς κρέας κ.τ.λ.

[73]

village. The flame of the fire had formed red clouds in the sky. Marching throughout the night until the morning, we were ordered to remain there, and we did, eating grapes throughout the day, as there were plenty of them.

In the evening, we were ordered to depart. Like the other day, we were marching at night. I was dragging a donkey, loaded with several foodstuff, such as grapes, meat etc.

φθάνωμεν εἷς μεγάλην κομώπολιν μέ ὡραῖα περιβόλια δένδρα καρποφόρα καί ἄφθωνα ὕδατα ἡ δέ πόλις εἶχε ἀπετευφρωθή ἐκ τής πρώτης μεραρχίας ἡ όποία εἶχε διέλθη ἐκεῖθεν και οἱ πολίτες ἀντεστάθησαν καί ὅς ἐκτοῦτο ἀπετεφρώθη ἡ κομώπολις. εἷς τό μέσον τής πόλεως εἶχε φονευθή νεαρός τοῦρκος καί τήν νύκτα ἐφένετω ὥς φάντασμα ἔξωθεν τής πόλεως ὑπῆρχε ἐλλινηκός ἐφοδιασμός ὀποῦ εἶχαν ἀπετεφρθή πάμπολα ἐλληνικά ὅπλα. αὐτήν τήν νύκτα εὑρισκόμεθα ἐν μέσω δύο τουρκικών μεραρχιών χωρίς νά τωλμήσουν νά μάς ἐπητεθοῦν φοβούμενει μήπως εἴχαμαι ἀνωτέρας δυνάμεις. ἀντηλφής τότε ὁ στρατηγικός συνταγματάρχης Παναγιωτάκος ὅτι εὑρισκόμεθα ἐν κρισήμο περιστάσει διέταξε ἐνδεχομένης ἐπηθέσεως ἐκ τόν τοῦρκων νά προσπαθήσωμεν ὅπος δηνιθοῦμε νά διαφηγώμεν τήν ἔχμαλωσίαν.

ἡ τοῦρκοι φοβούμενη δέν ἐπεχήρισαν νά ἐπητεθοῦν. βαδίζωμεν καθώλιν τήν νύκτα συναντόντες καθωδόν

We arrived in a big town with nice gardens, fruitful trees, and plenty of water. The town had been burnt down by the First Division, which had passed through there, and, since the residents resisted, the town was burnt down. In the middle of the town, a young Turk had been killed, and he looked like a ghost at night. Outside the town, there were Greek supplies, as loads of Greek arms had been burnt there. That night we were situated between two Turkish divisions which dared not to attack us, scared that we may outnumber them. Realizing we were in a threatening situation, strategist Colonel Panagiotakos ordered that in case of an attack by the Turks, we should try to avoid being captured in any way possible.

The Turks, scared, did not attempt to attack. We marched throughout the night, coming across, on our way,

[75]

ἀποτευφρομένα ἑλλινηκά αὐτοκήνιτα ἐκ τόν τσέτηδων.[59]

τήν πρωΐαν φθάνομεν εἶς τό βορειωανατολικόν μέρος τοῦ σηβρήχισάρ καί ἀμέσως παρεσκευάσθη τέϊον.

μετά τήν διανομήν τοῦ τεΐου ἤρχησε καί πάλιν ἡ πορεῖα. ἐξακολουθῆ ἡ πορεία καί φθάνομεν ἔξωθεν τόν ἀμπέλον τοῦ σηβρῆχισάρ. τρώγοντες καθόλιν τήν ἡμέραν σταφυλάς.

Τῷ ἑσπέρας ἤρχησε καί πάλην ἡ πορεία. βαδίζωμεν τόν ἀμαξιτόν δρόμον καί φθάνομεν εἶς τό σηβρήχισάρ. ἔξωθεν τής πόλεως μόλις εἶχον ἀνάπψη αἱ τουρκικαί στρατώναις.

βαδίζοντες μέχρι πρωϊας ὅπου κατεβλήσθημεν ἐπή τινός τουρκικοῦ χοριδήου. ἔξωθεν τοῦ χωρίου εἶχε ἀπετεφρωθῆ ἀυτοκήνητων τελεφωνικής ὑπηρεσείας.

εἶς τά πέριξ τοῦ χωρίου εἶχαν θερισθή καί γεννήματα ὅπου εἶχαν προωρισθεῖ ἐποίς διά τήν τελείαν ἀπετέφρωσῖν τον καθώς καί ἀπετεφρόννοντο.

59 Τσέτες (τουρκ. Çete): άτακτα σώματα οπλισμένων Μουσουλμάνων ληστών που δραστηριοποιούνταν στη Μικρά Ασία από την εποχή του Α' Παγκοσμίου Πολέμου.

[75]

Greek cars burnt by the Tsetes.[57]

In the morning, we arrived at the northeast of Sivrichisar, and immediately tea was prepared.

After tea was distributed, the march started again. The march continued and we arrived outside Sivrichisar's vineyards. We were eating grapes the whole day.

In the evening, the march started again. We marched on the railroad and arrived in Sivrichisar. The Turkish military camps had just lit their fires outside the city.

We kept marching until morning, and we camped at a little Turkish village. Cars of the telephone service had been burnt outside the village.

In the outskirts of the village, crops had been reaped, destined to be completely burnt, and were being burnt.

---

57 Chetes (Turk. Çete): irregular units of armed Muslim brigands who were active in Asia Minor since the times of World War I.

καί πάλιν τό ἑσπέρας ἐξηκολούθησε ἡ πορεία καί τήν ἐπομένην φθάνωμεν εἷς κομώπολιν χαμιδιέ. κατεβλήσθημεν εἷς τό ἄκρον τής πόλεως προμηθευθένταις ἄλευρα καί κρέας ἐδιανικτερεύσαμεν ἐκεῖ τήν πρωΐαν ἤρχισε τήν πορείαν ὀλόκληροι ἡ μεραρχία νά βαδίζωμε μέτωπον πρός τό ἀλπανούζ. ὅπου εἲς τῷ διάστημα τής πορείας ἤρχισε νά βρέχει ραγδαῖα βροχή ὅπου φθάνομεν εἷς ἀπροσμένον μέρος πρός διανητέρευσην.

In the evening, the march continued again. On the next day, we arrived in a town called Chamidie and camped at the edge of the town. We got supplies of flour and meat and lodged. In the morning, the entire Division started marching towards Alpanoz. But heavy rain started during the march, so we arrived and lodged at some unexpected place.

[77]

τό χωρίον τοῦτον εἶχε ἀπετεφρωθή ἐκ τής ἐνάτης μεραρχίας συμπλλακίσα μέ τήν τουρκικήν μεραρχίαν τήν ἀπσταλμένην διά τήν καταστροφίν τής σηδηροδρωμικής γραμής ἐσκη σεχίρ καί κατάλυπψείν τοῦ. ἀλλά ἀπέτιχε τό σχέδιόν τοῦ διότη τόν ἀντημετόπησε ἡ επήλεκτος μεραρχία εὐρισκόμενοι παρά τό σεϊτήγαζή.[60] εἶς τό εἴδιο χωρίον ἔξωθεν εὑρισκοντο μέχρι εἴκοσι ἄτομα τούρκοι καί τούρκησες νεκροί διότη κατά τήν ἀντίστασην τοῦ τούρκου ἐντός τοῦ χωρίου τό πυροβολικόν μας ἠναγκάσθη νά βάλη διά πυροβολικοῦ ἐντός τοῦ ἀμινωμένου χωρίου. τήν ἐπομένην βαδίζομεν καί φθάνομεν ἔξωθεν τοῦ ἐσκησεχίρ. ἐδιανυκτερεύσαμεν τήν προϊαν ἐξακολουθῇ ή πορεία πρός τῷ βωριοδιτηκόν μέρος τοῦ ἐσκήσεχήρ ὅπου κατά τῷ ἐσπέρας φθάνομεν εἶς ἐν ὀθωμανικόν χωρίον.

τήν πρωϊαν ἐμείναμεν ἐπῇ τοῦ εἰδίου μέρους ὅπου εἴδη ἤρχισεν καί ἡ ἀπουλήμανσεις καί εἴχαμε τελιώσει ὅπου διετάχη ἡ μεραρχία νά παραβρεθή εἶς τάς 19 μέ 20 εἶς τό ἀφιόν ὅπου ἐκηνδίνεσεν ἡ 4η μεραρχία. ἀνεχωρίσαμεν ἀπό τό ἐσκή σεχίρ καί φθάνομεν ἔξωθεν τοῦ ἀλπανόζ. καλόθιν τήν ἡμέραν μέ ραγδεοτάτην βροχήν τήν ἐπομένην συνεχίσει ἡ πορεία ἀλλά καί ἡ βροχή δέν εἶχε σταματήσει φθάνομεν νοτίος τοῦ ἀλπανόζ. τήν έπομένην έξακολουθή ἡ πορεία καί φθάνομεν εἶς τῷ ἀκίν.

---

60 Σεγίτ Γκαζί (τουρκ. Seyitgazi): κωμόπολη νοτιοανατολικά του Εσκί Σεχίρ, κοντά στο Sarayören.

[77]

That village had been burnt down during a battle between the Ninth Division and the Turkish Division sent for the occupation of Eski Sechir and the destruction of its railway line. But the enemy's plan failed because they were confronted by the elite Division which was situated close to Segit Gkazi.[58] About 20 Turkish men and women were lying dead outside that same village, because, as the Turk was resisting from within the village, our artillery had to fire against the defending village. On the next day, we marched and arrived outside Eski Sechir. We lodged. In the morning, we continued to march to the northwest of Eski Sechir. In the evening, we arrived in an Ottoman village.

In the morning, we stayed at the same place. We had already started the sanitation and we were finished when the Division was ordered to be in Afion between the 19th and 20th, because the 4th Division was in danger. We departed from Eski Sechir and arrived outside Alpanoz. There was heavy rain throughout the day. The march continued the next day, but the rain had not stopped. We arrived south of Alpanoz. On the next day, the march continued, and we arrived in Akin,

58 Segit Gkazi (Turk. Seyitgazi): town southeast of Eski Sechir, close to Sarayören.

[79]

τό ὁποιον εἶχε ἀπετευφρωθή κατά τήν καταληπψην τοῦ ἐσκησεχίρ.

διενυκερεύσαμεν ἐκεῖ τήν πρωΐαν ἐξακουλουθή ἡ πορεία ὅπου φθάνομεν εἶς στενοπόν. ὅπου ἐσταματίσαμαι διότην διήρχετο ἐκ τής στενωποῦ ἡ πρώτη μεραρχία. συναντήθημεν δέ μέ τόν Θηριανόν Παναγόπουλον και Ιωάννην Σφίκον. τό ἀπόγευμα βαδίζομεν ἐντός τής στενοποῦ χαράδρος ὅπου ἐξακολουθή ἡ εἰδία καταστάσῃ τής βροχής κατά τάς 12α ὡρα τῷ μεσωνύκτιον διετάχθη ἡ μεραρχία να σταματήσει καθώς καί ἐσταμάτησαν ἀλλοι ἐντός τής χαράδρας καί ἄλλοι εἶς τό τερμά.

τήν πρωΐαν βαδίζωμεν διερχώμεθα εἶς τῷ ἠλϊή[61] ποῦ εἶχε λάβη μέρος ἡ 2α μερ. μέ τήν πρώτην. κατά τάς ἐπηχηρίσεις τοῦ ἐσκησεχίρ συναντήσαμεν τούς τάφους τόν μαχομένον ἀδελφόν μας εἶς τούς φοβερούς καί πετρόδεις λόφους ὅπου εἶχε φονευθῇ ὁ ταγματάρχης αγαπητός Ἰωάννης ἐκ ναυπλίου. βαδίζομαι μέχρι τάς δώδεκα ἡ νύκτα καί ἐξακολουθή ὁ Καιρός βροχηρός ὅπου κατεβλήσθημεν τώρα δέν εἶναι ἡ βροχή εἶναι ποῦ ἔκοβε λόρδα καί αἰπνίλα καί ποῦ να κημηθοῖς ρέ φουκαρά φαντάρε ποῦ ἡ λάσπη εἶναι γῶνα. πιό δρμόμο θέλης πάρε.

τήν ἐπομένην φθάνομεν ἐντός τής σιδηροδρομικής γραμής ὅπου μακρόθεν διακρίνωμεν τό τεπέ τάγ.[62]

61 Αταυτοποίητη τοποθεσία.
62 Αταυτοποίητο όρος.

[79]

which had been burnt down when Eski Sechir was captured.

We spent the night there. In the morning, the march continued until we reached a gorge. We stopped because the 1st Division was passing through the gorge. I met Thirianos Panagopoulos and Ioannis Sfikos. In the afternoon, we marched inside the narrow canyon, while the same rainy situation continues. At 12, midnight, the Division was ordered to stop. Some were still in the canyon, while others had reached the end.

In the morning, we marched. We passed by Ilii[59] where the 2nd and 1st Divisions had camped. During the Eski Sechir operations, we came across the tombs of our fighting brothers on the terrible rocky hills where Major Ioannis Agapitos of Nafplio had been killed. We marched until 12 at night, and the weather is still rainy. We camped. Now the problem is not the rain, but hunger and sleeplessness. Poor soldier, where can you sleep now that mud reaches your knee? Take whichever way you want.

On the next day, we arrived at the railway line. We can see Tepe Tag[60] in the distance.

59 Non-identified location.
60 Non-identified mountain.

Παράρτημα: Οι Σελίδες του Ημερολογίου

Appendix: The Diary Pages

[1]

[2]

[3]

[4]

[5]

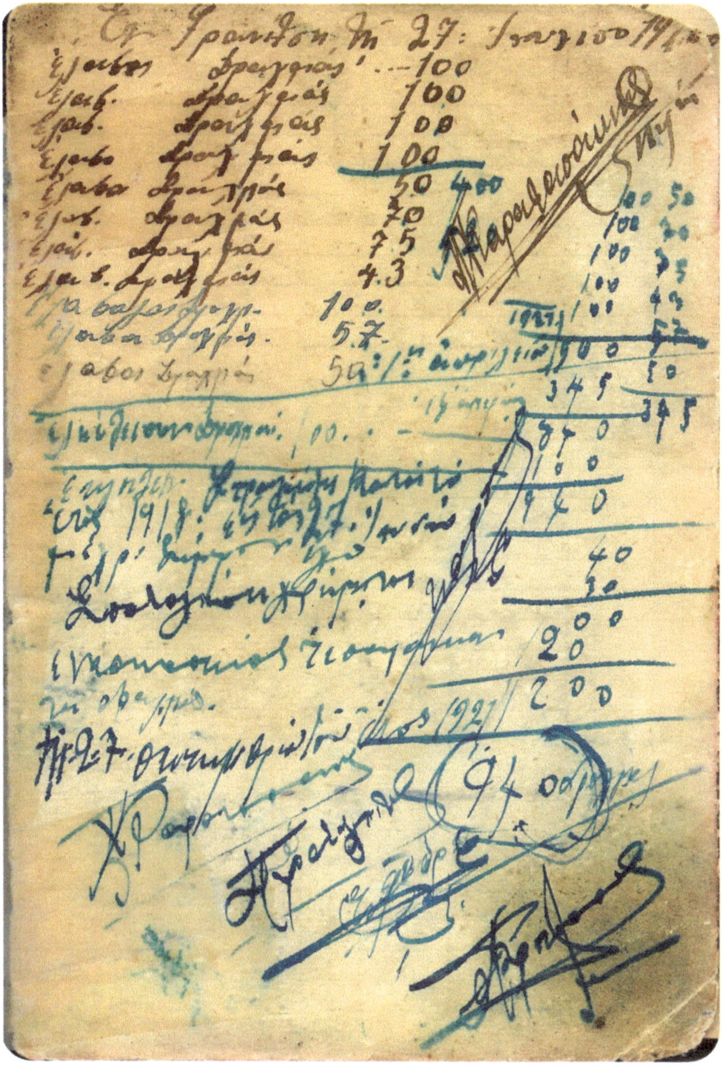

[6]

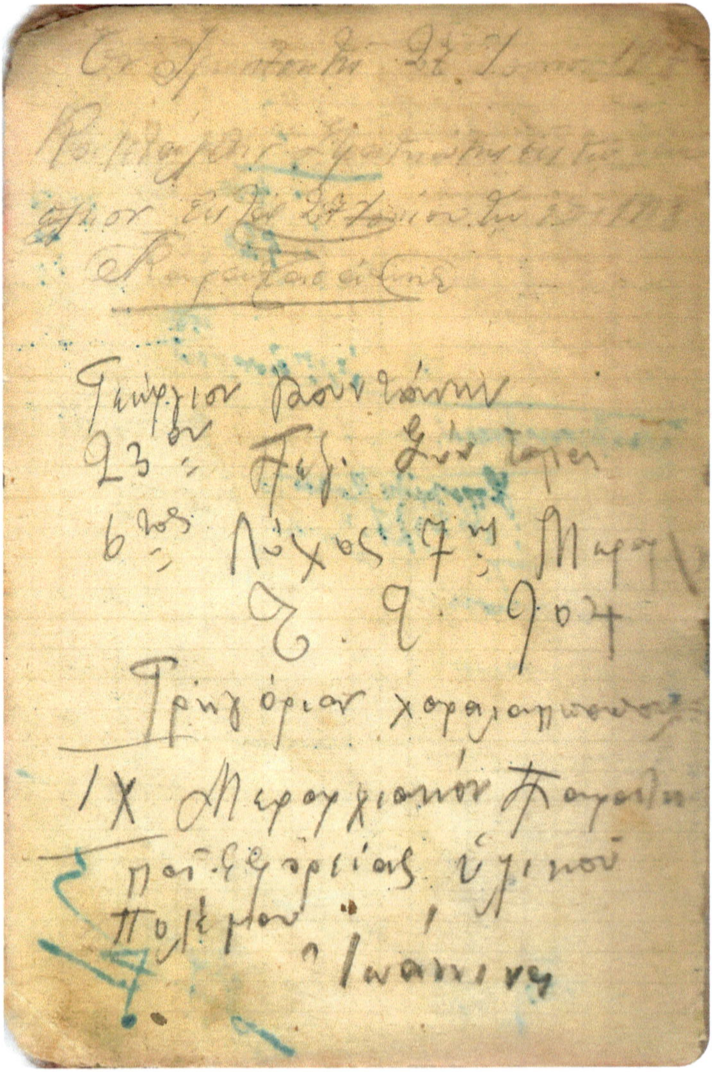

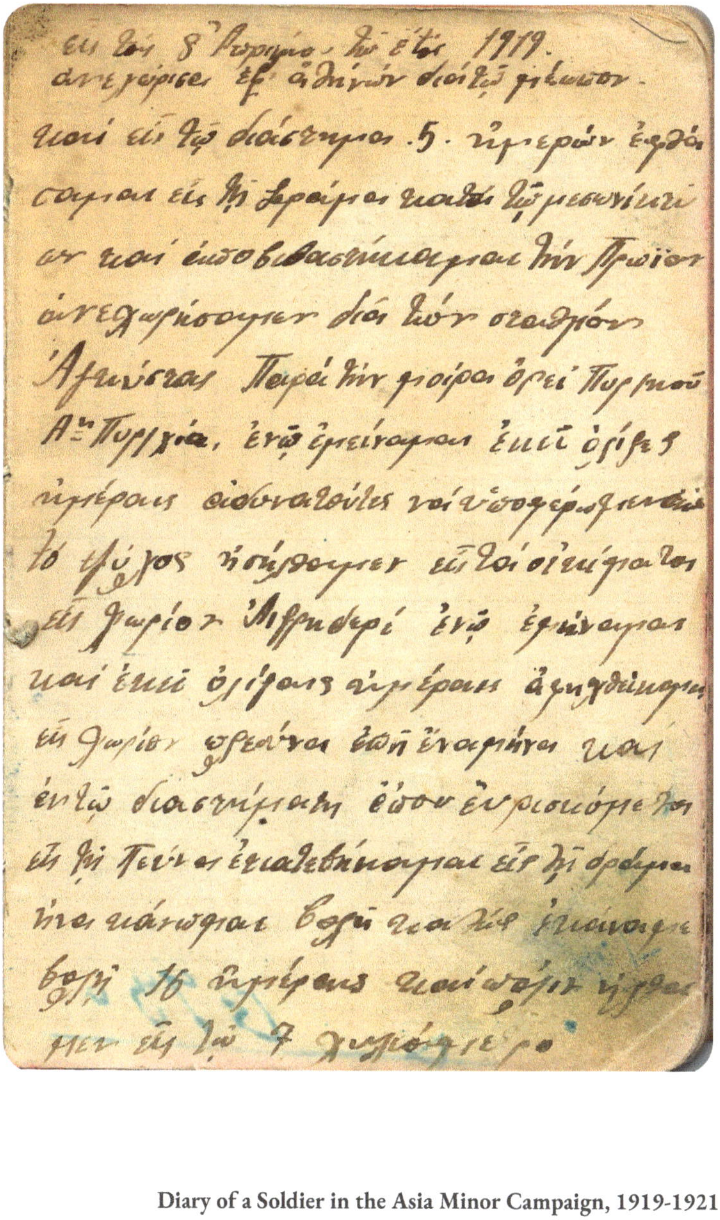

[8]

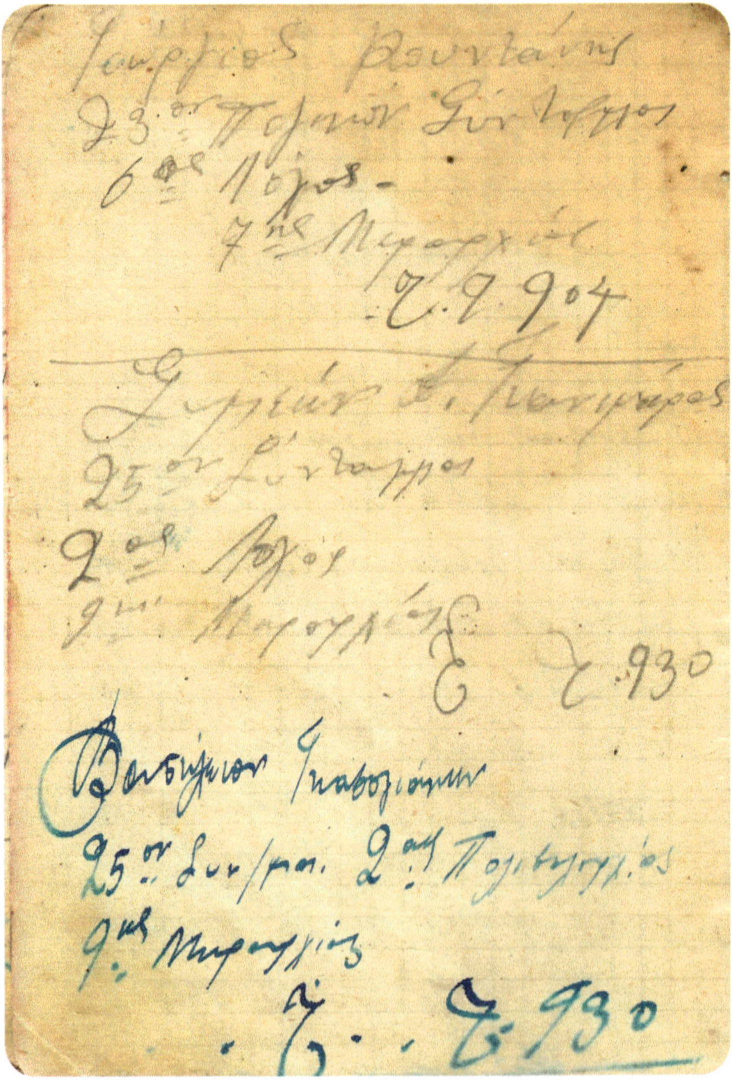

[9]

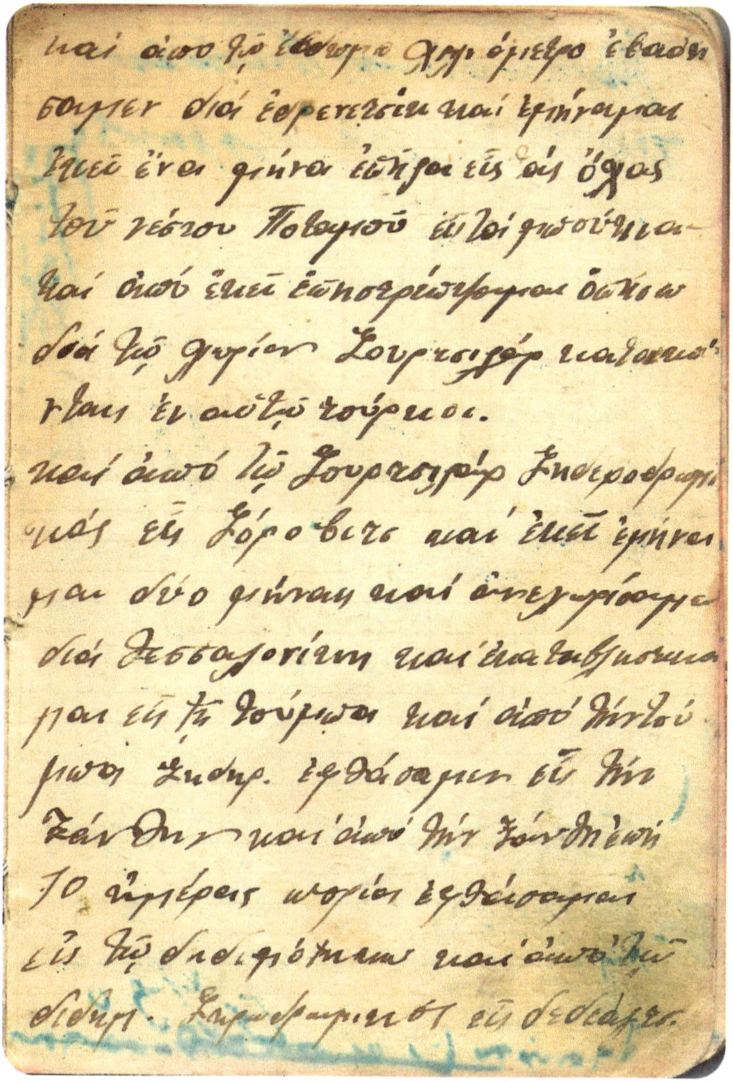

καί από τό [illegible] [illegible] όμεγρο έβαδι-
σαμεν διά [illegible] καί επήγαμαι
εκεί [illegible] [illegible] [illegible] είς [illegible] όλος
του [illegible] Πολεμισού [illegible]
καί από εκεί [illegible] [illegible]
διά τό χωρίον Σουρτσιλέρ [illegible]
[illegible] εν αυτό τούρκοι.
καί από τό Σουρτσιλέρ [illegible]
[illegible] εις Σόροβιτς καί εκεί εμείναι-
μαι δύο μήνας καί ανεχωρίσαμε
διά Θεσσαλονίκη καί [illegible]
μαι εις τά [illegible] καί από [illegible]
[illegible] [illegible]. εφθάσαμεν εις την
Ξάνθην καί από την Ξάνθη [illegible]
10 ημέρες [illegible] εφθάσαμαι
εις τό [illegible] καί από [illegible]
[illegible]. [illegible] εις [illegible].

[10]

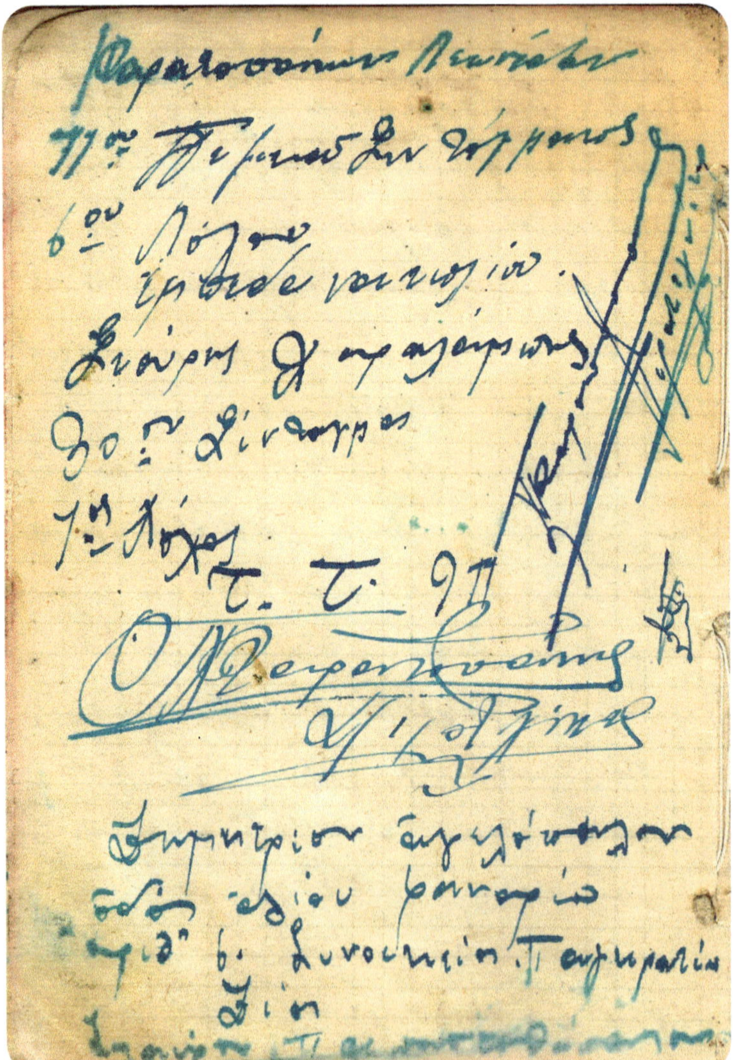

[11]

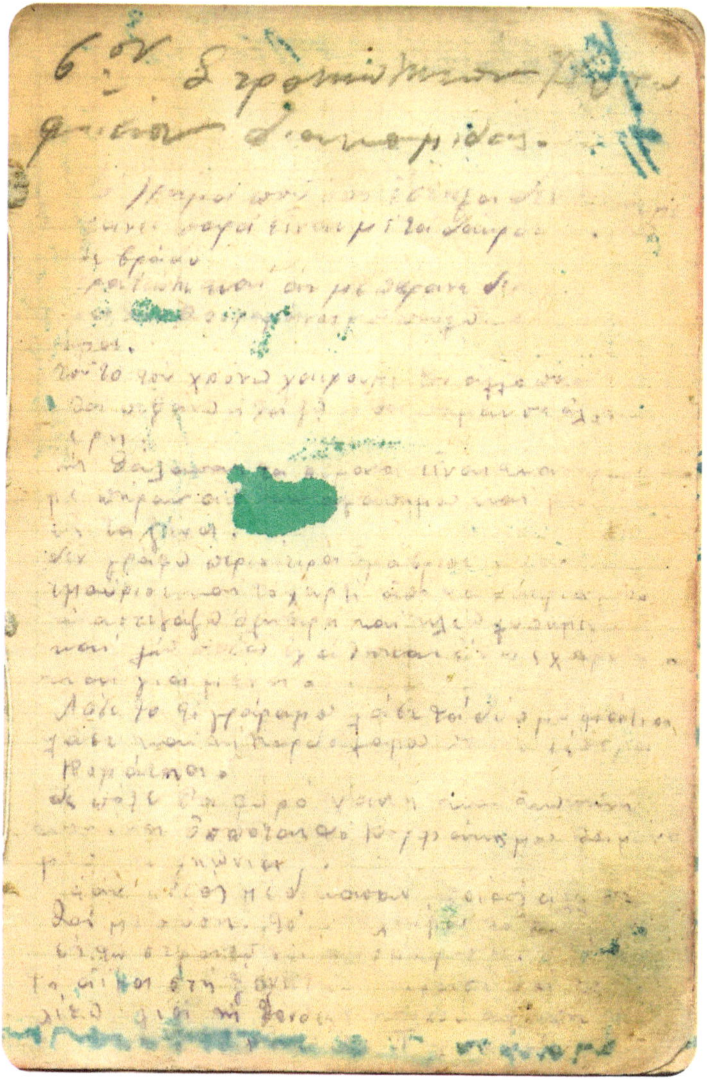

[12]

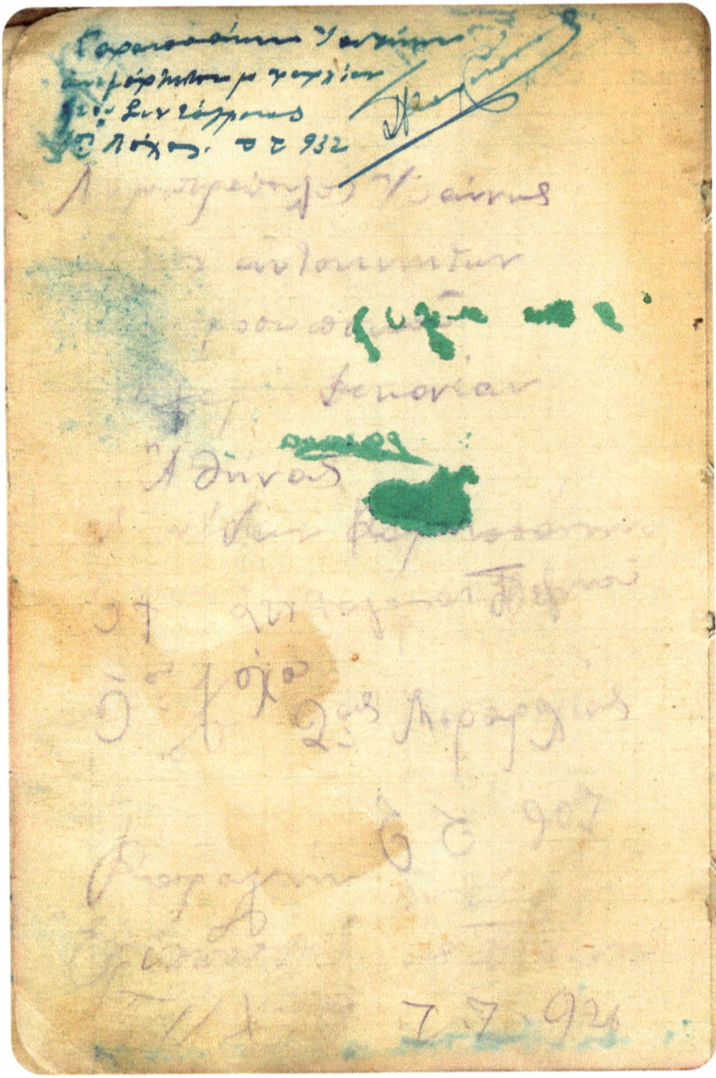

[13]

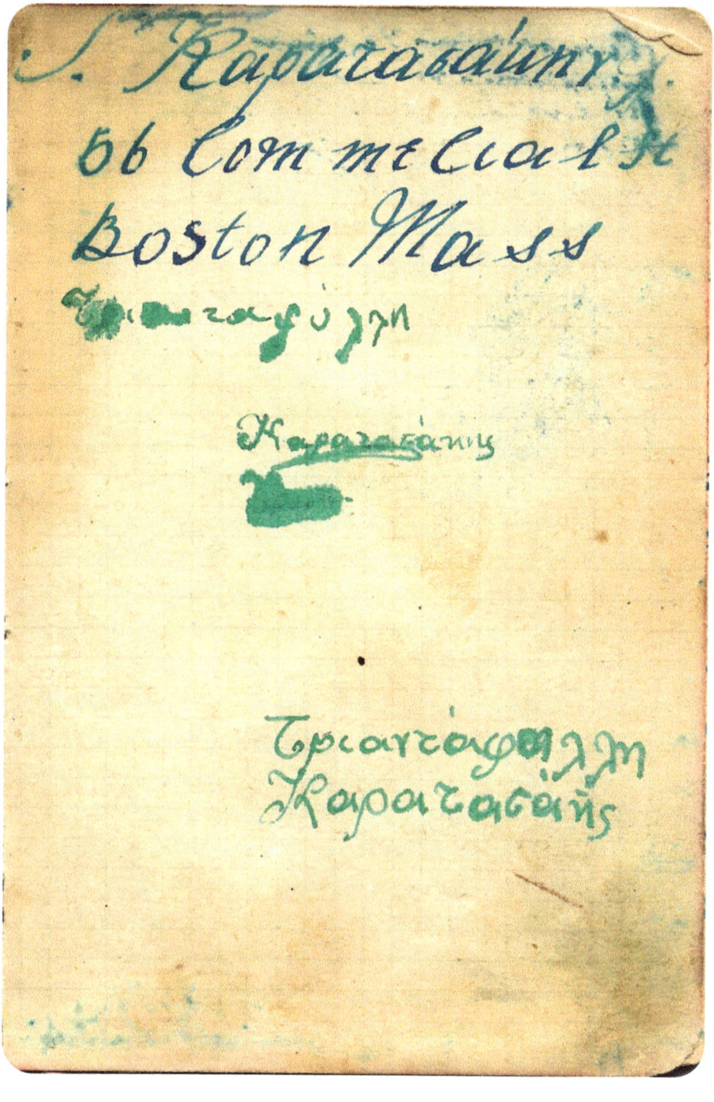

[14]

[15]

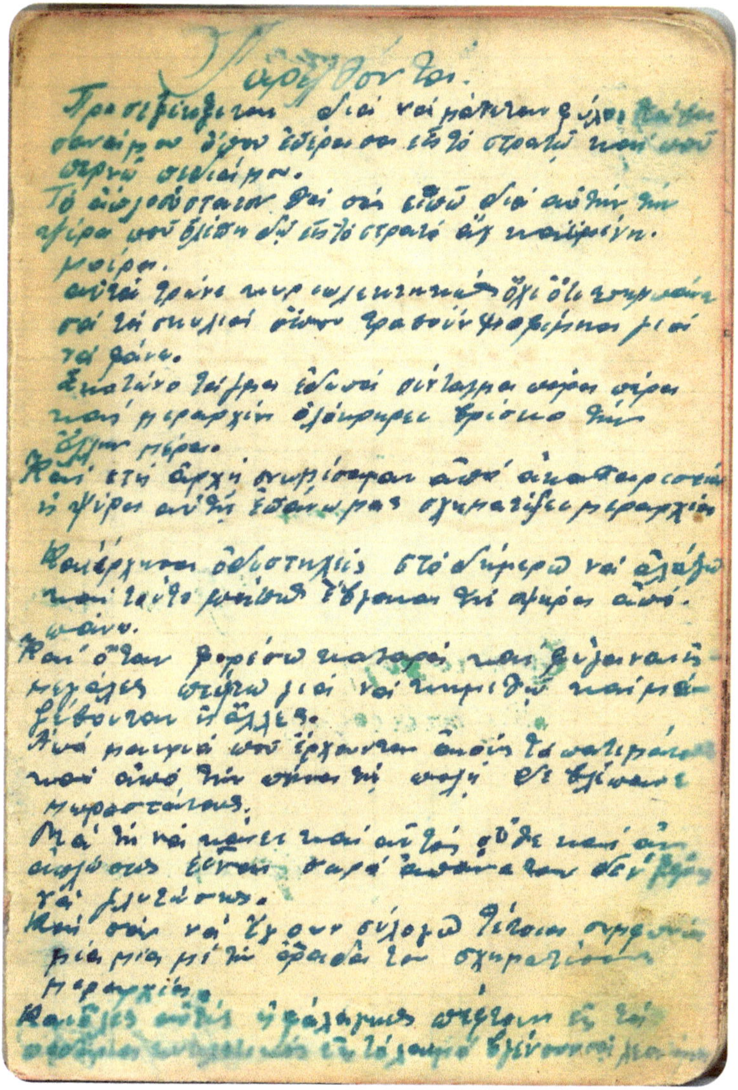

[16]

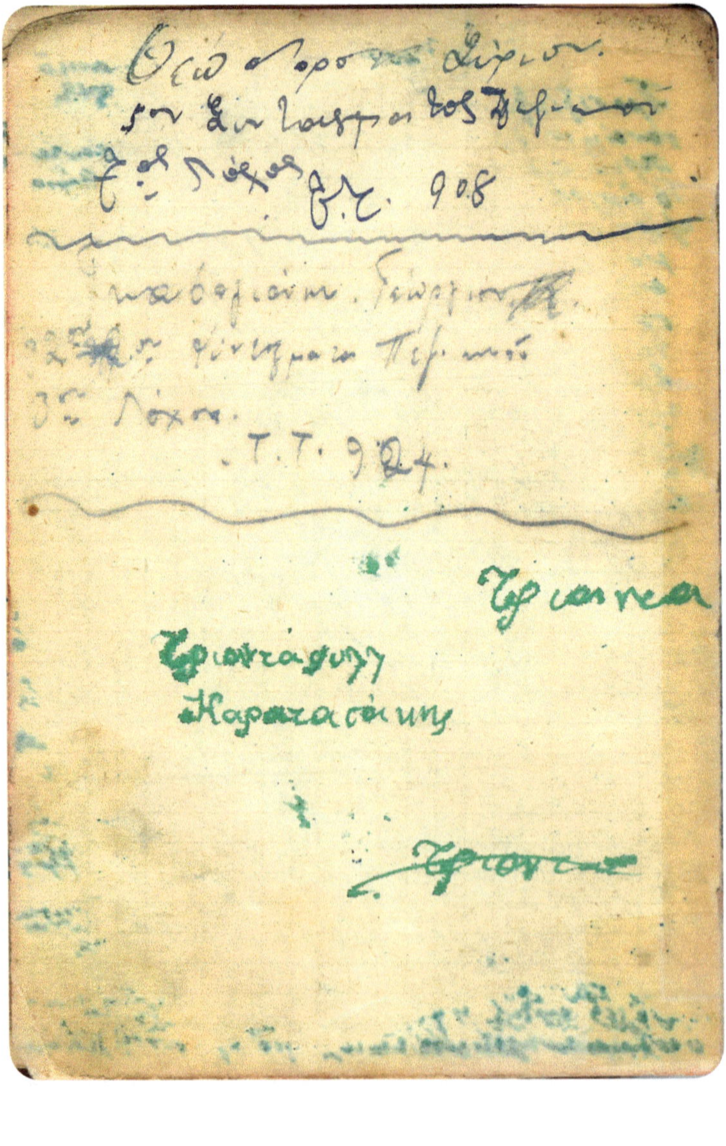
5ον Συντάγματος Πεζικού
Τ.Τ. 908
Συντάγματος Πεζικού
3ον Λόχου
Τ.Τ. 924
Τριανταφύλλη
Καρατασάκη

[17]

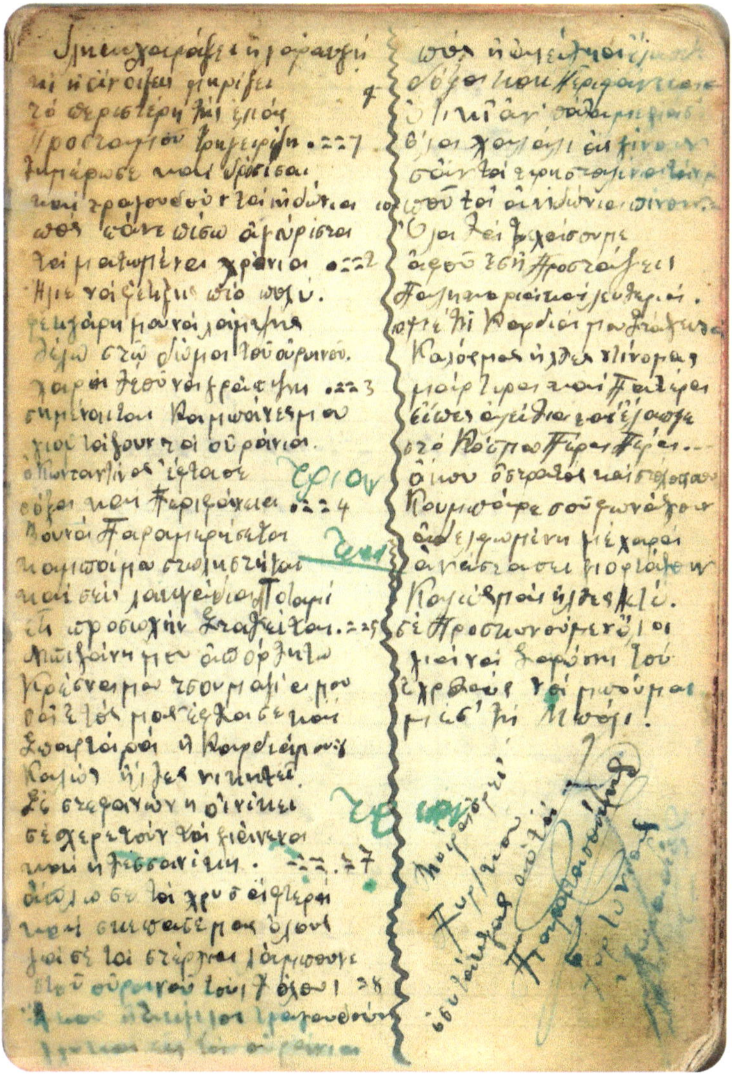

[18]

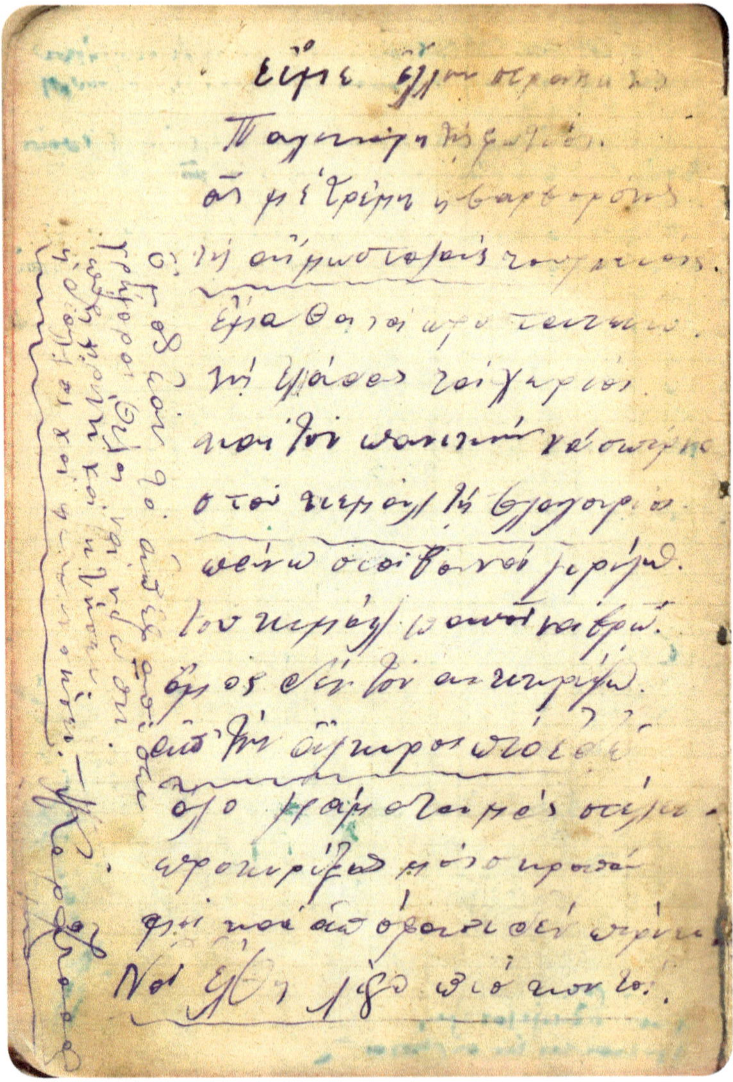

[19]

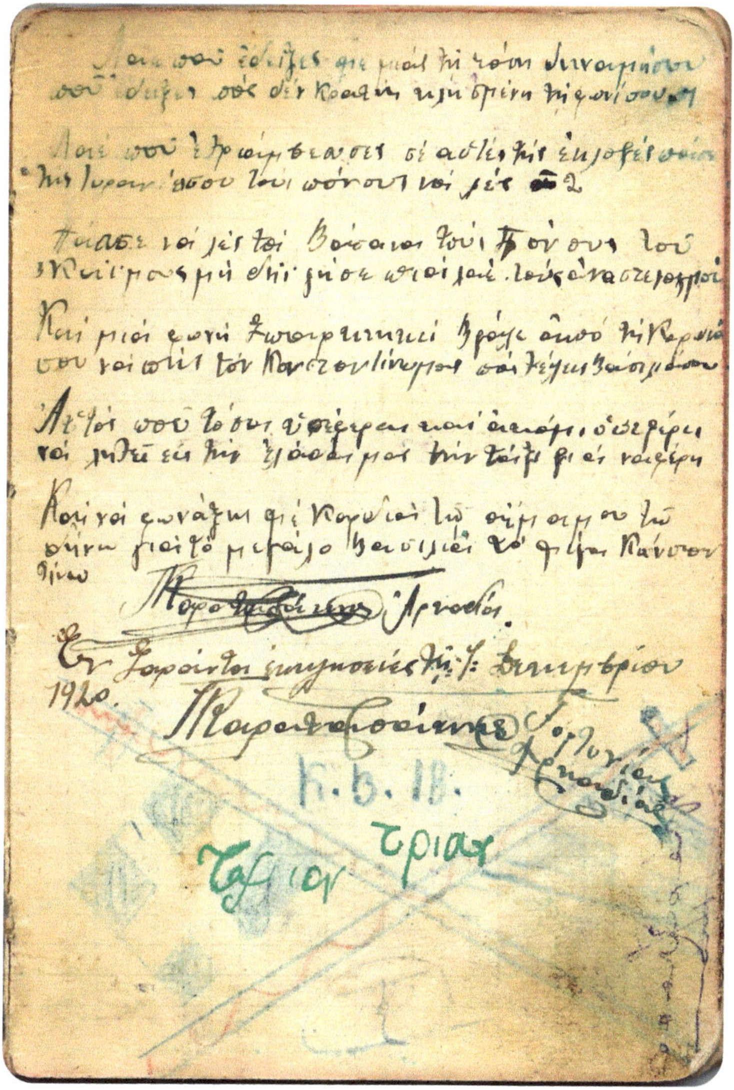

[20]

[21]

Ζήτω ὁ Βασιλεύς
Κωνσταντῖνος
ἔθνους
Ζήτω
τῆς Ἑλλάδος
Κωνσταντίνου τοῦ

[22]

[23]

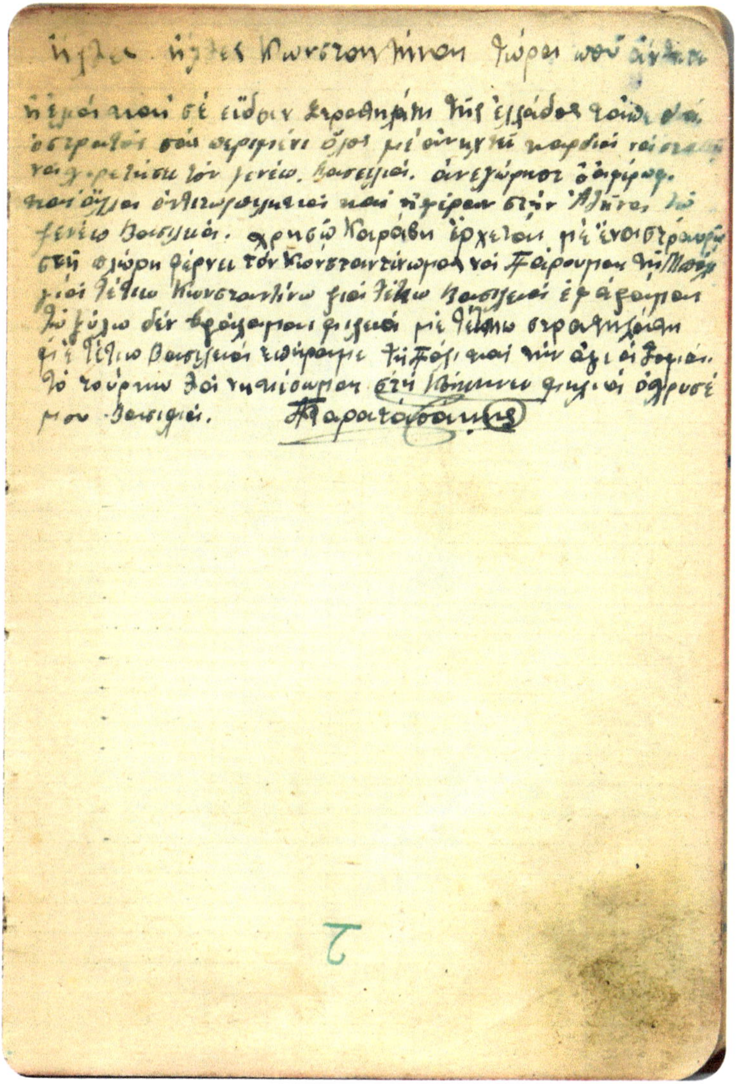
ἦλθε. ἦλθες Κωνσταντῖνε τώρα που [illegible]
ἡ [illegible] και σε εἶδαν στρατιῶται τῆς Ἑλλάδος [illegible]
ὁ στρατός σου [illegible] ὅλος με ἀνοιχτή καρδιά [illegible]
[illegible] τον γενναίο βασιλιά. ἀνεχώρησε ὁ [illegible]
και ὅλοι ἐνθουσιασμένοι και [illegible] στην Ἀθήνα, το
γενναίο βασιλιά. χρυσό καράβι ἔρχεται με ένα [illegible]
στη πλώρη φέρνει τον Κωνσταντίνο μας και [illegible]
γιατί θέλω Κωνσταντίνο γιατί θέλω βασιλιά [illegible]
το ξύλο δεν [illegible] ψωμί με θέλω [illegible]
[illegible] βασιλιά [illegible] και [illegible]
το [illegible] στη [illegible]
μου βασιλιά. Παρασκευᾶς(?)

[24]

[25]

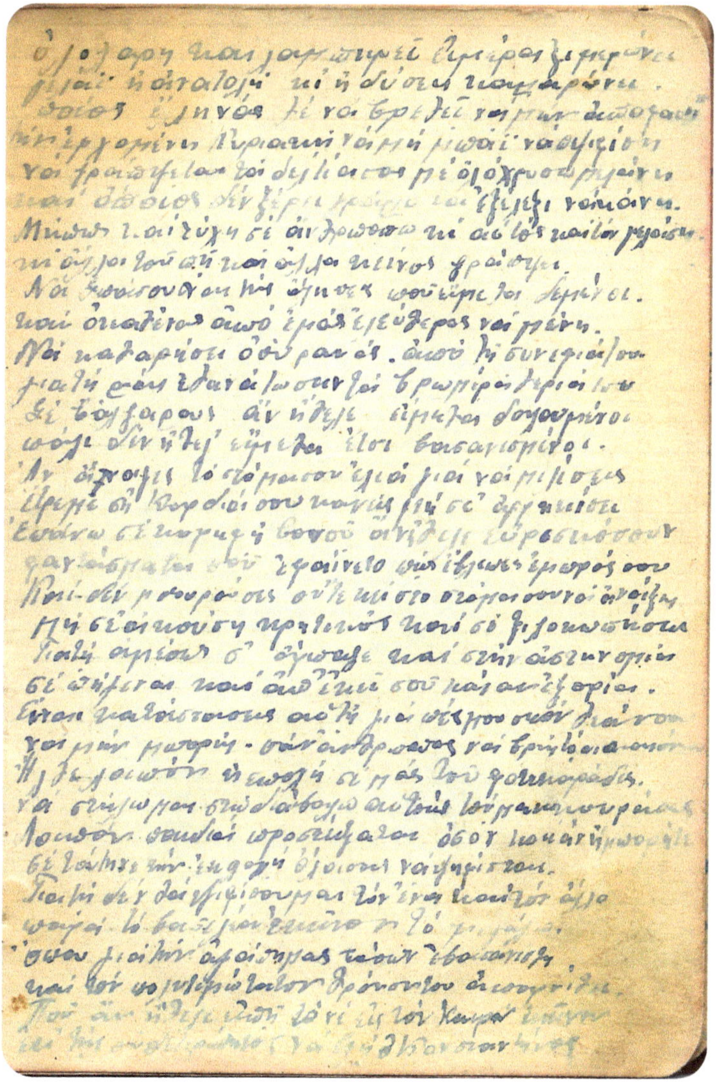

[26]

[27]

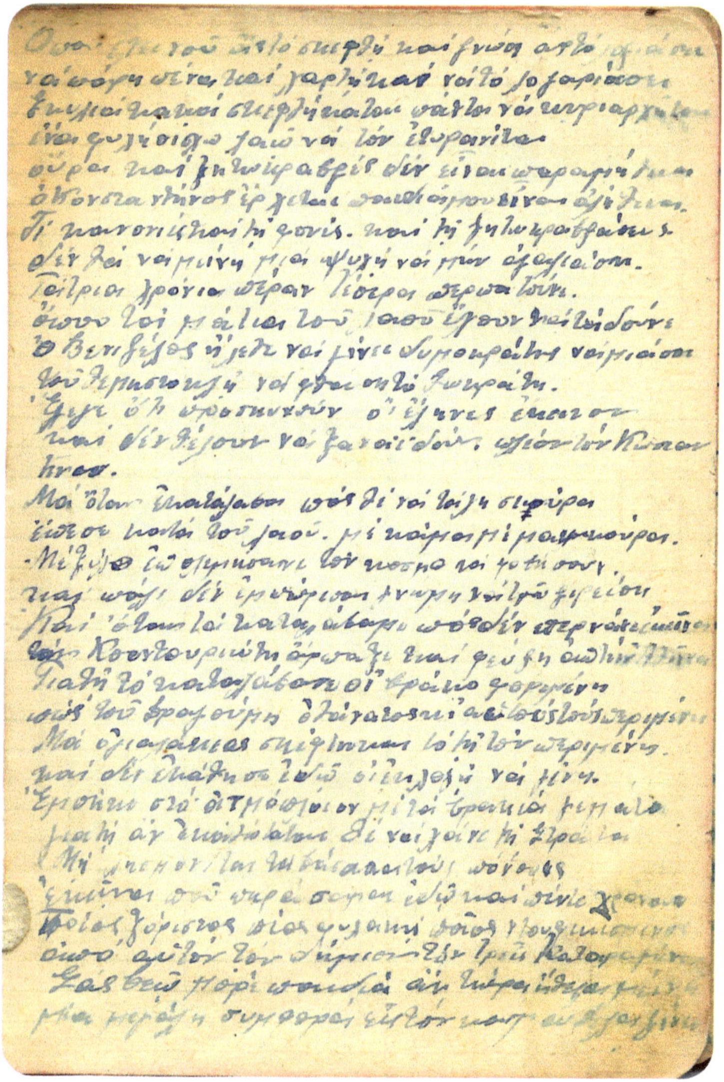

[28]

[29]

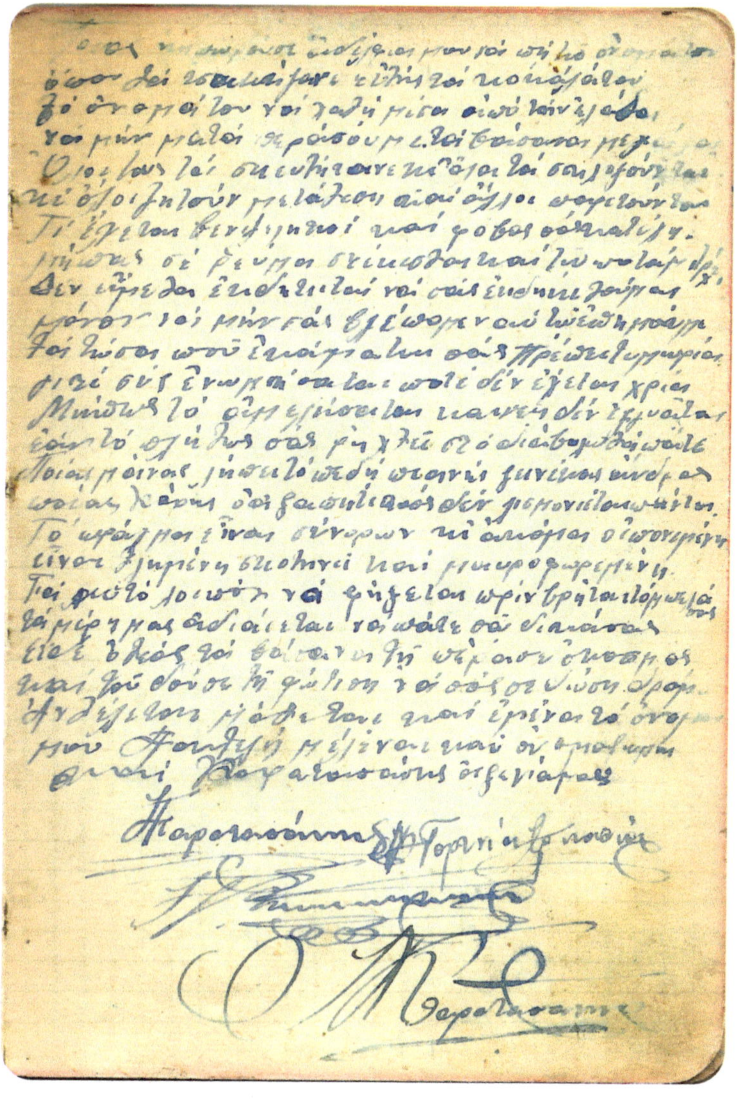

[30]

[31]

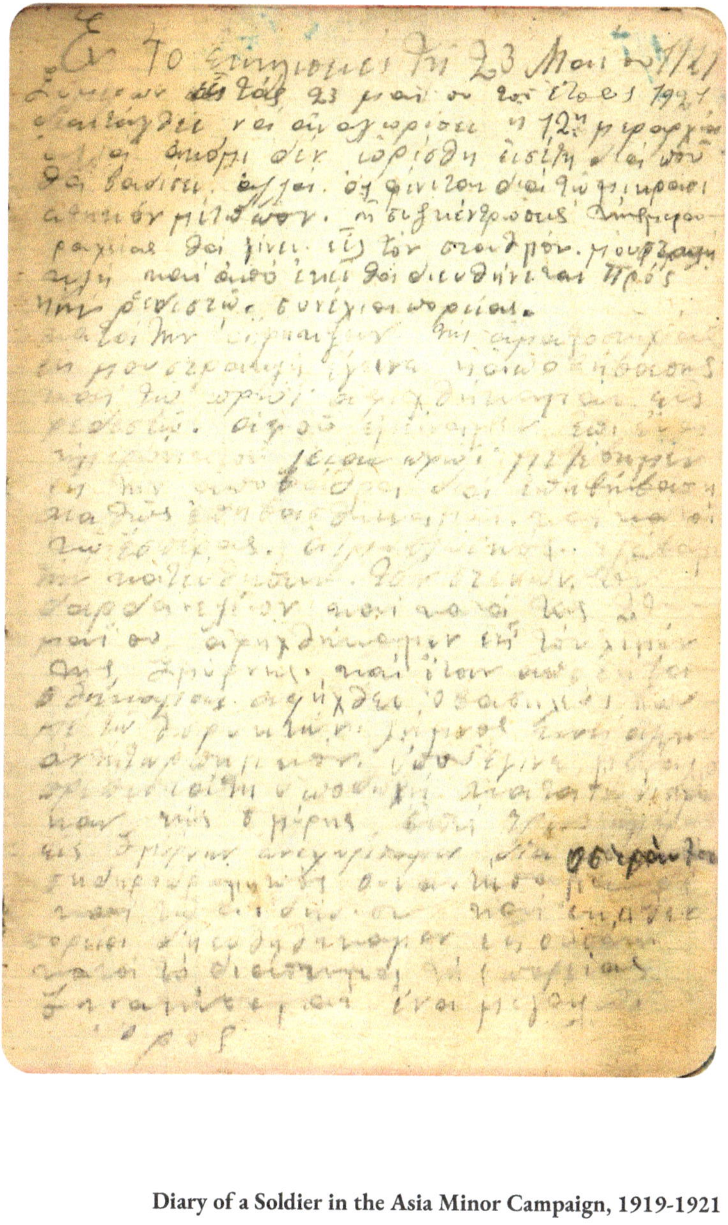

[32]

[33]

[34]

[35]

[36]

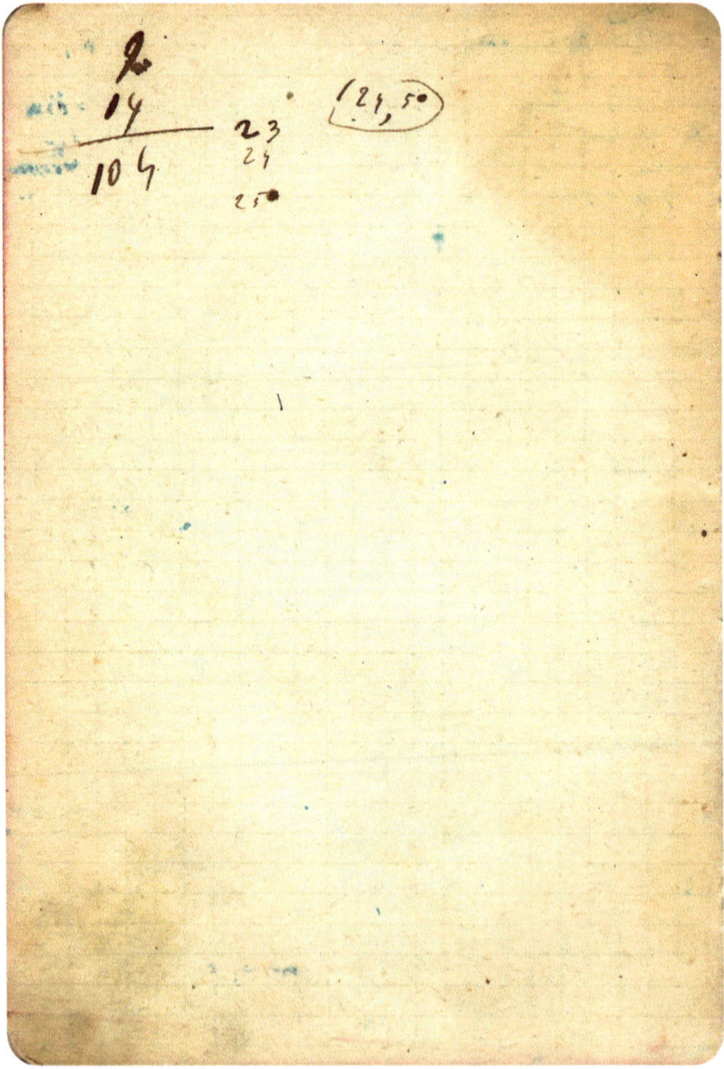

2
14
104

23
24
25

(24,50)

[37]

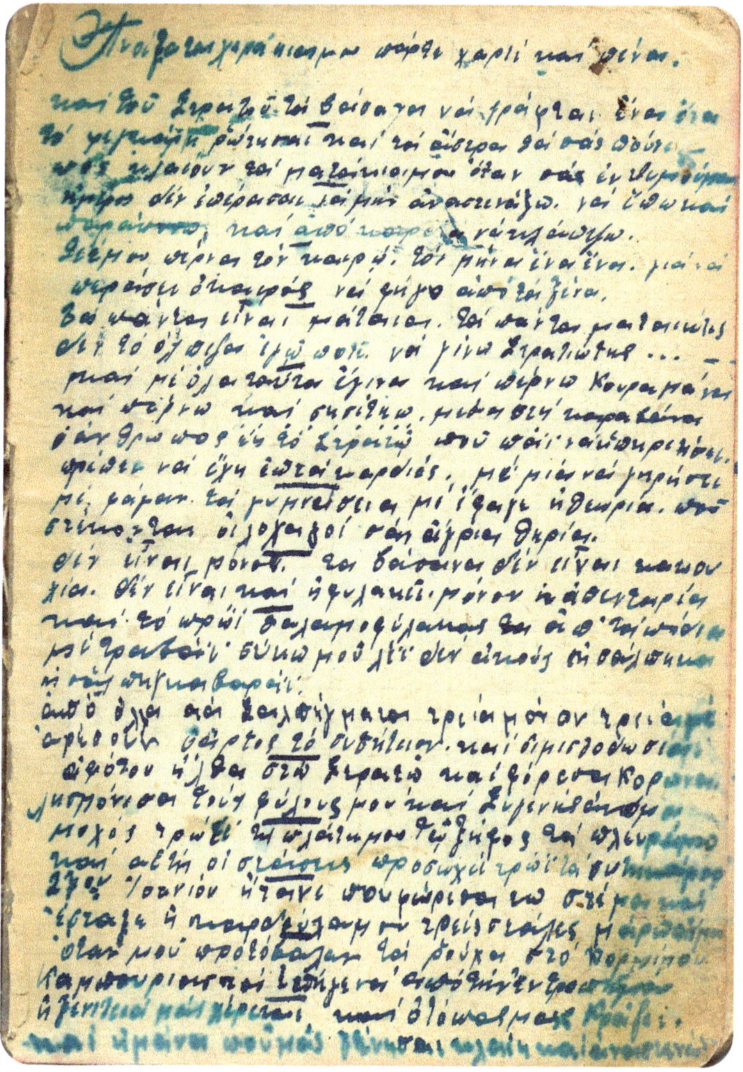

[38]

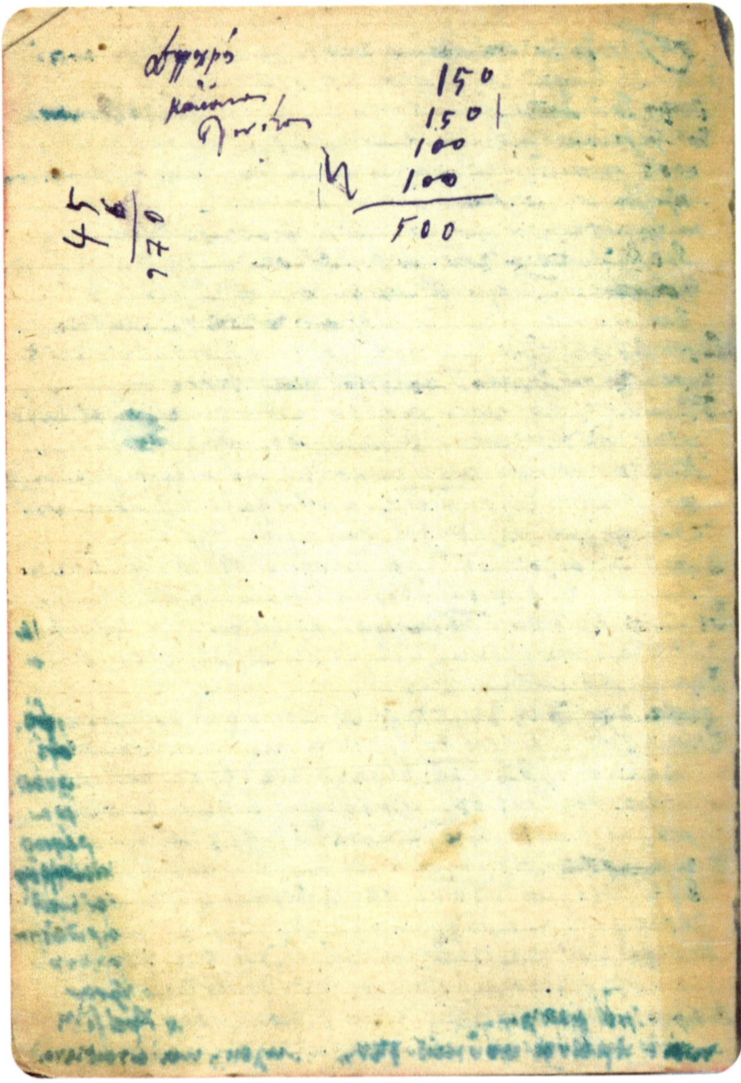
150
150
100
100
500

[39]

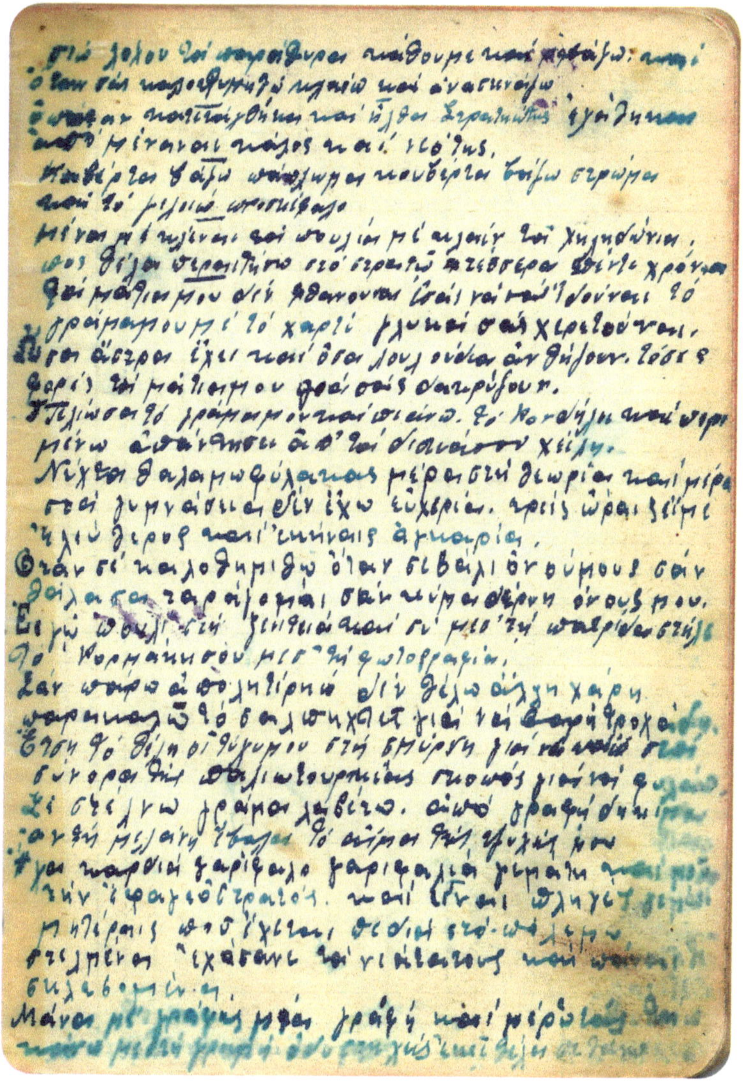

[40]

[41]

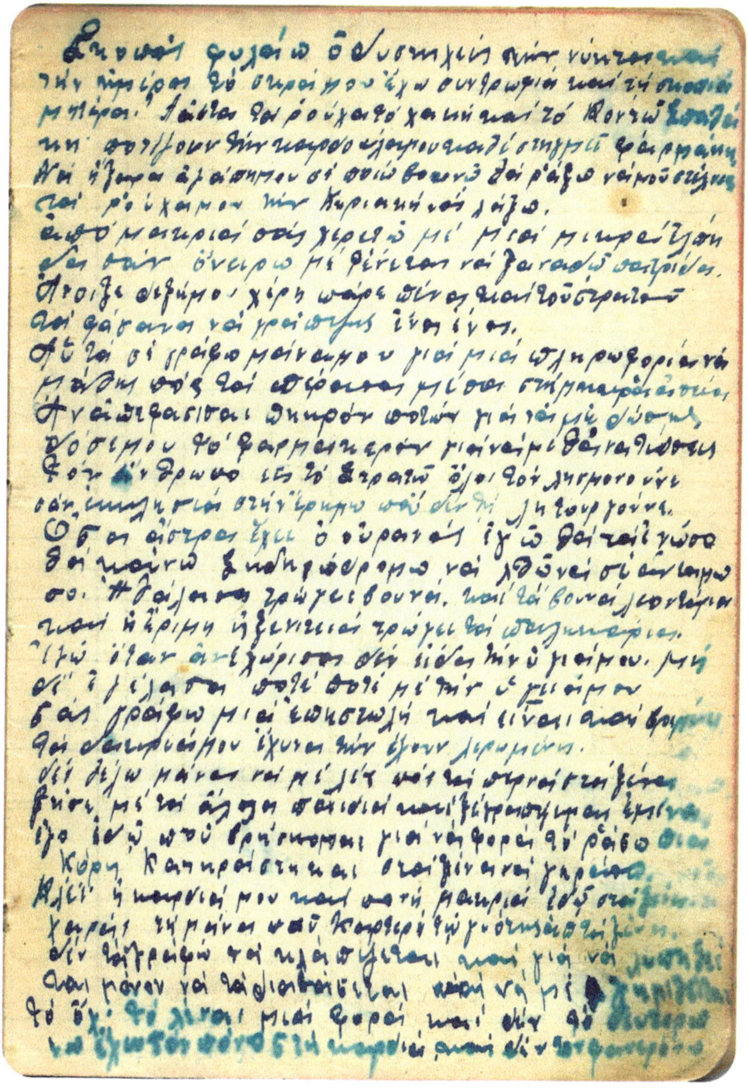

[42]

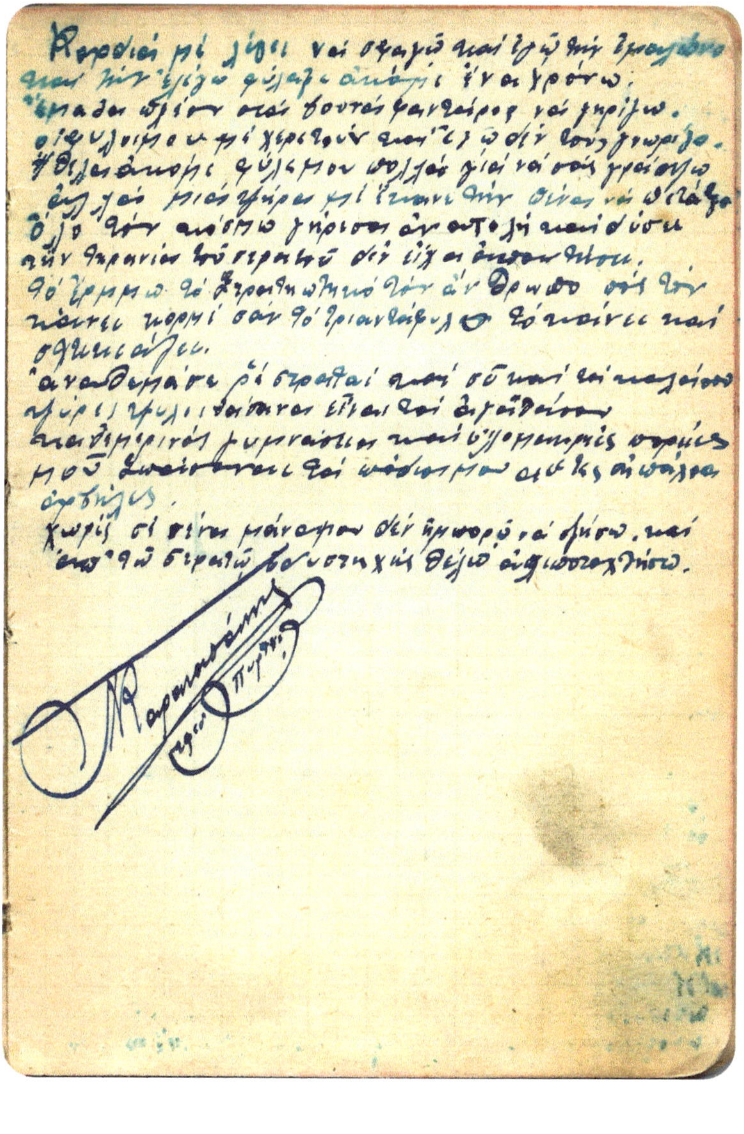

[44]

[45]

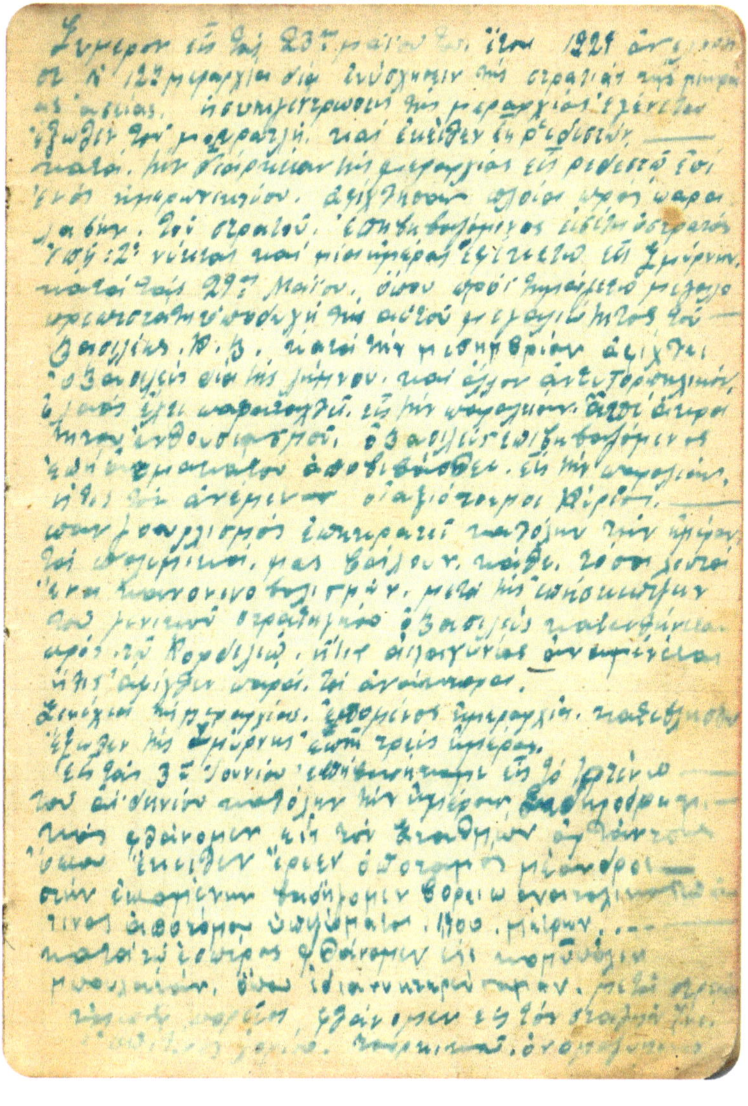

[46]

[47]

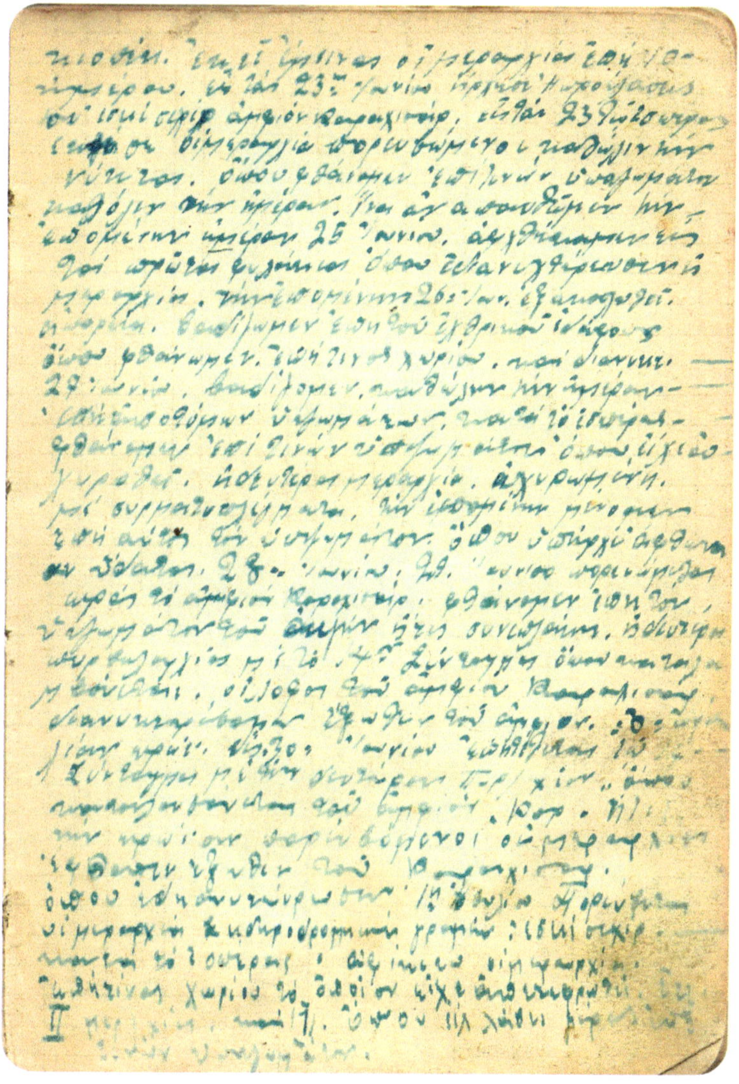

[48]

[49]

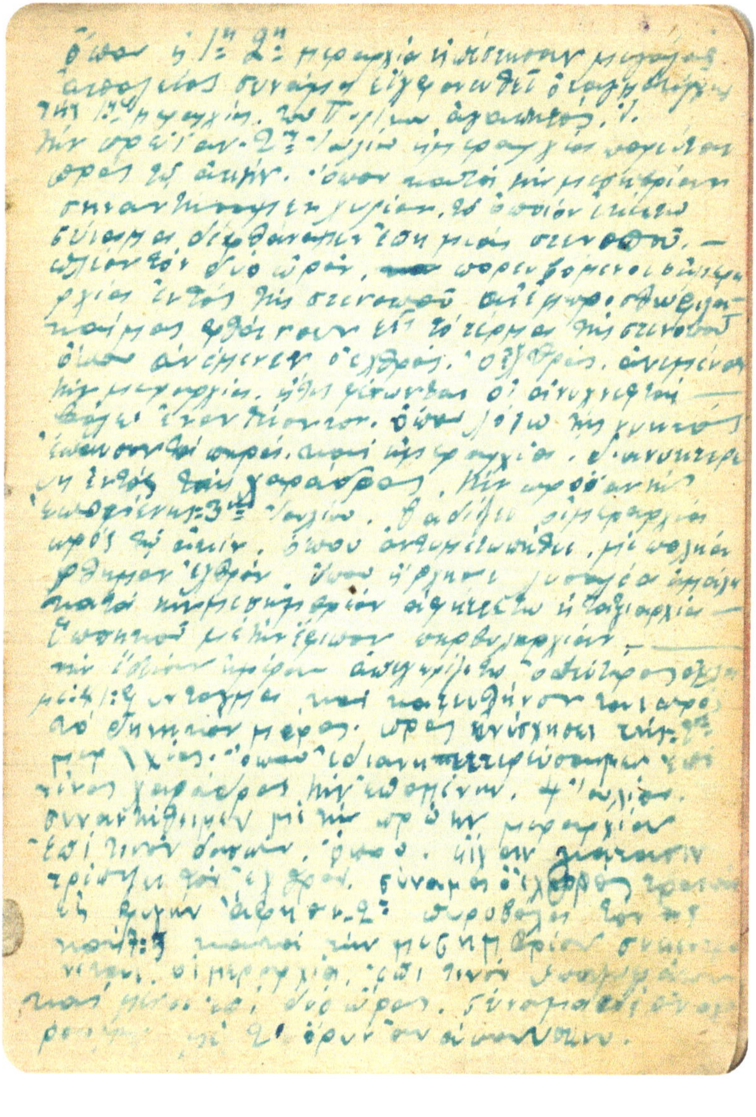

[50]

[51]

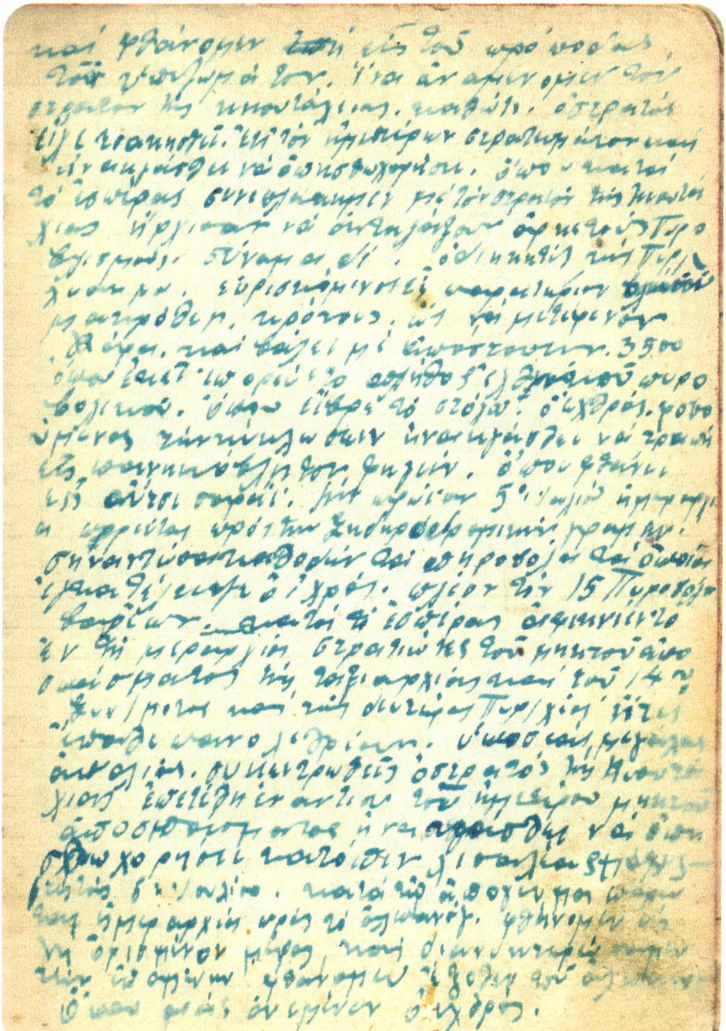

[52]

[53]

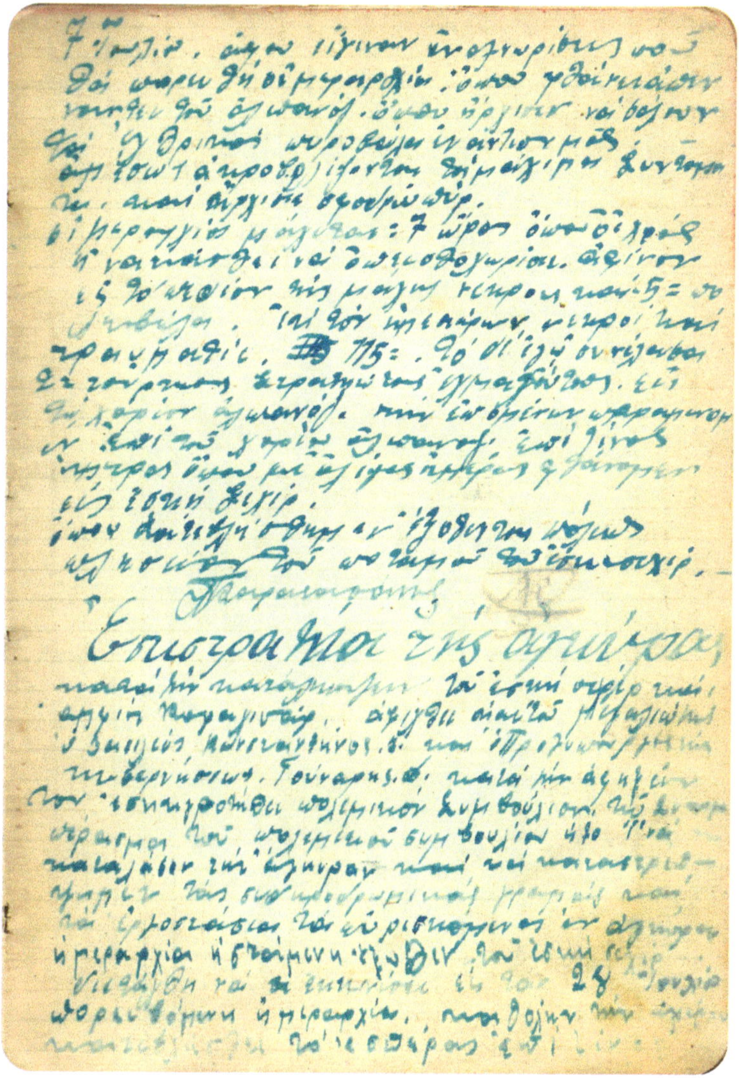

[54]

[55]

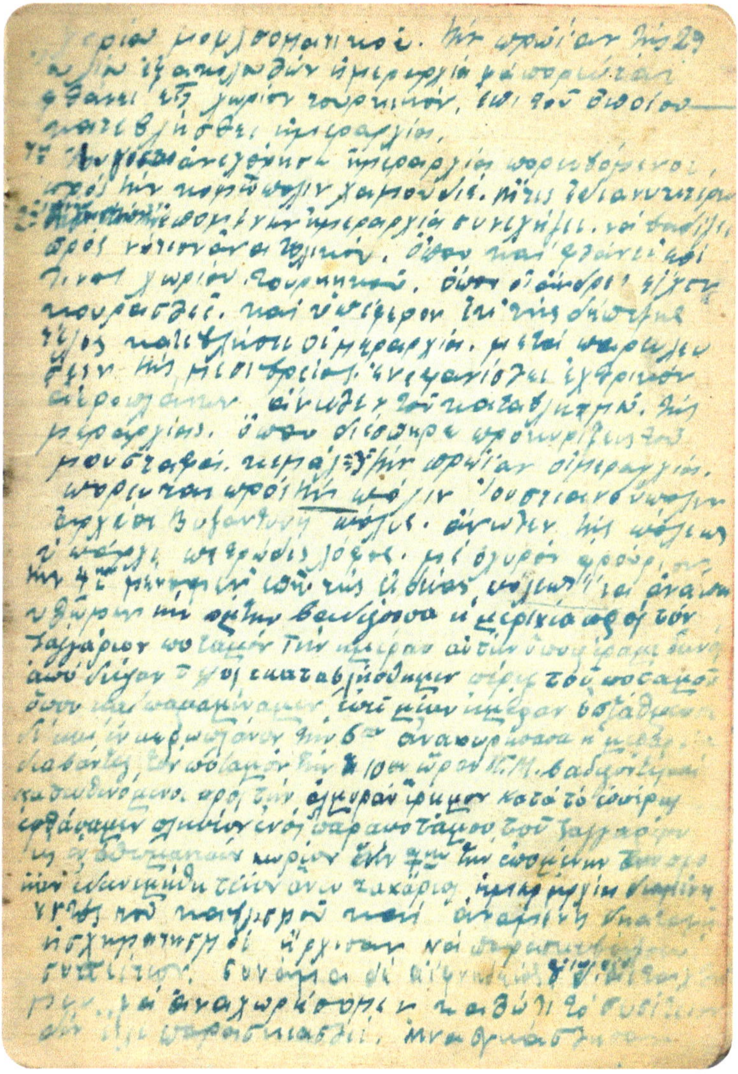

[56]

[57]

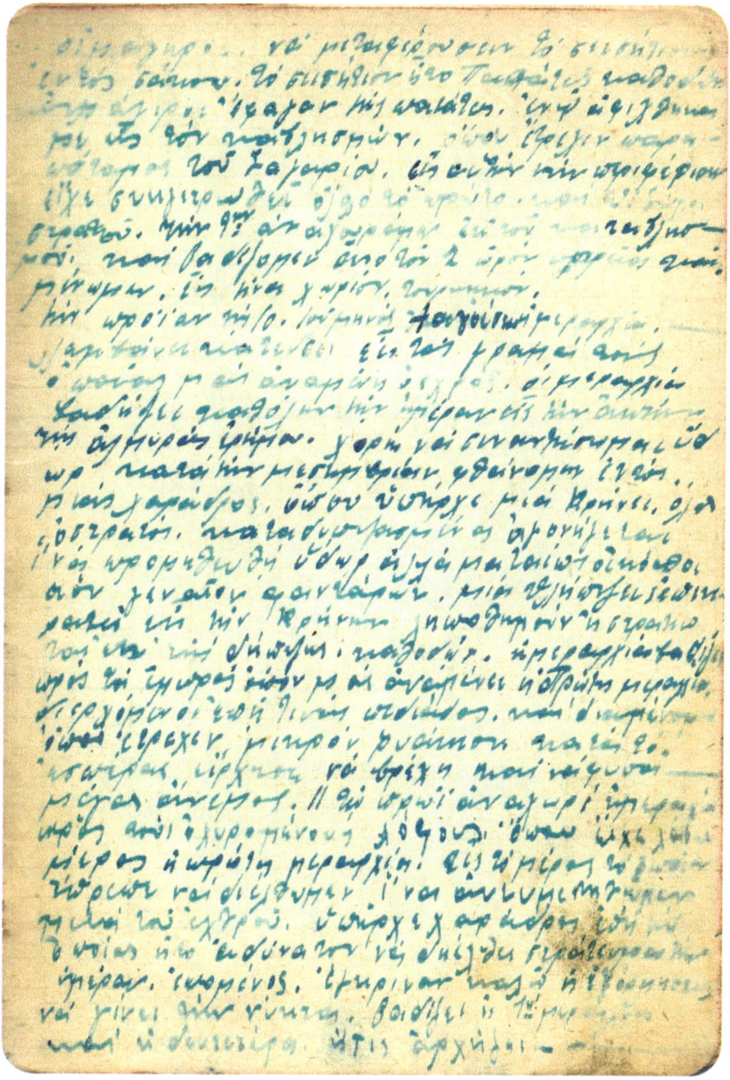

[58]

[59]

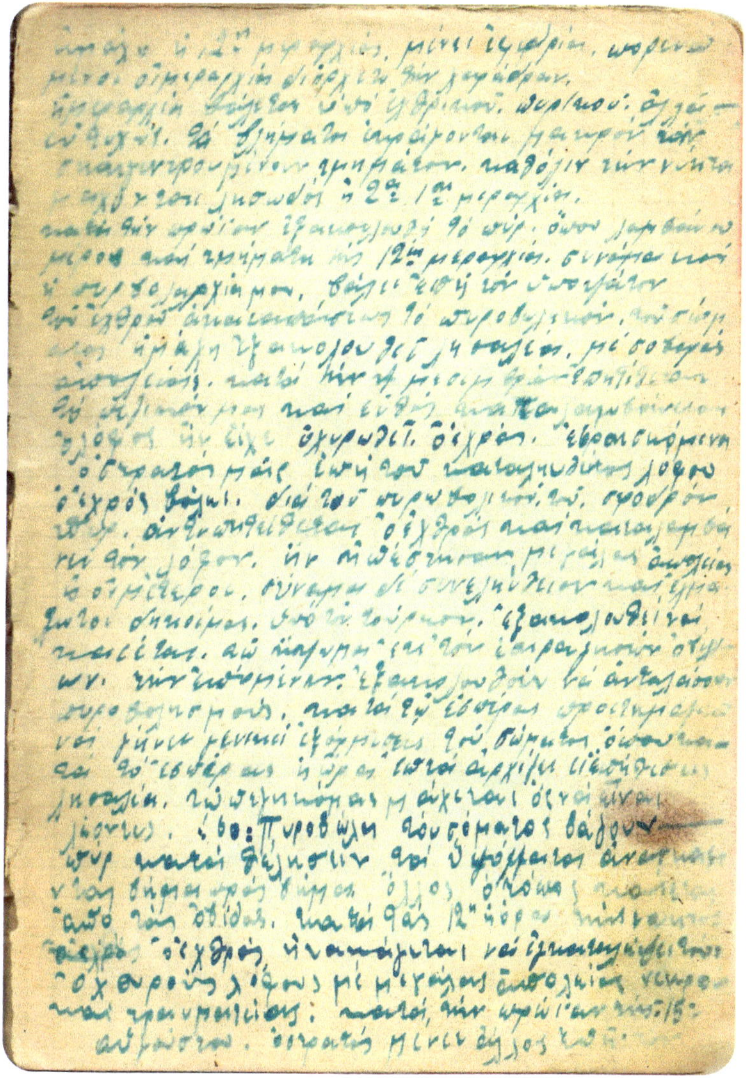

[60]

[61]

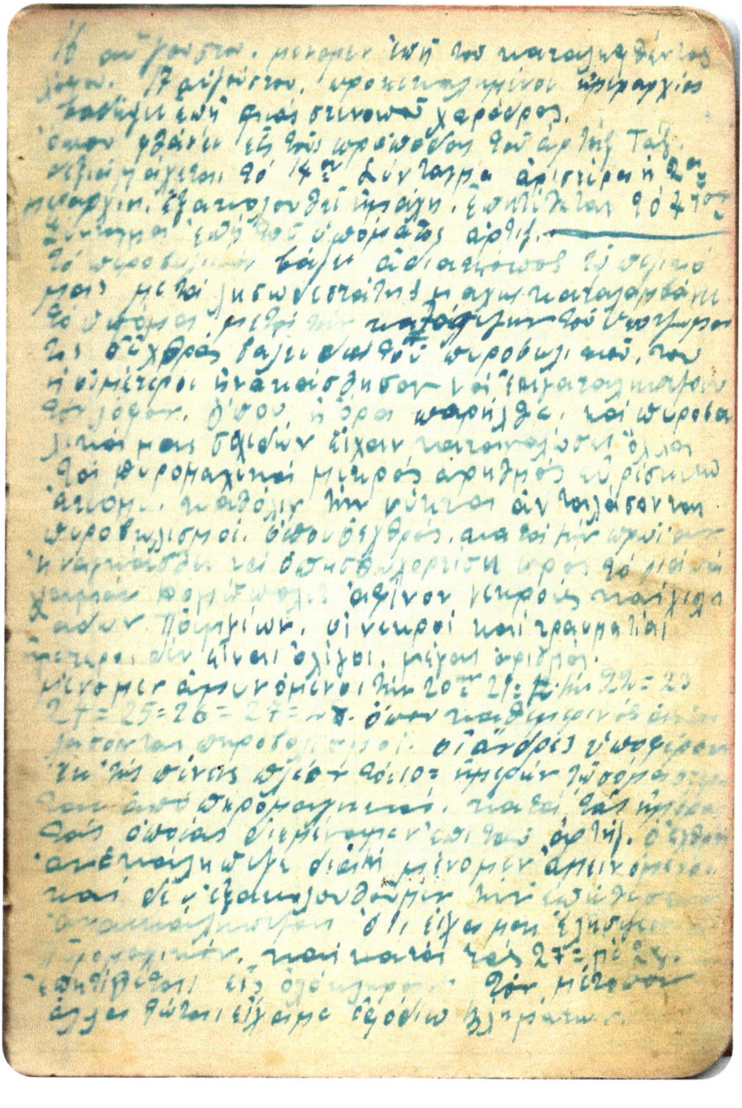

[62]

[63]

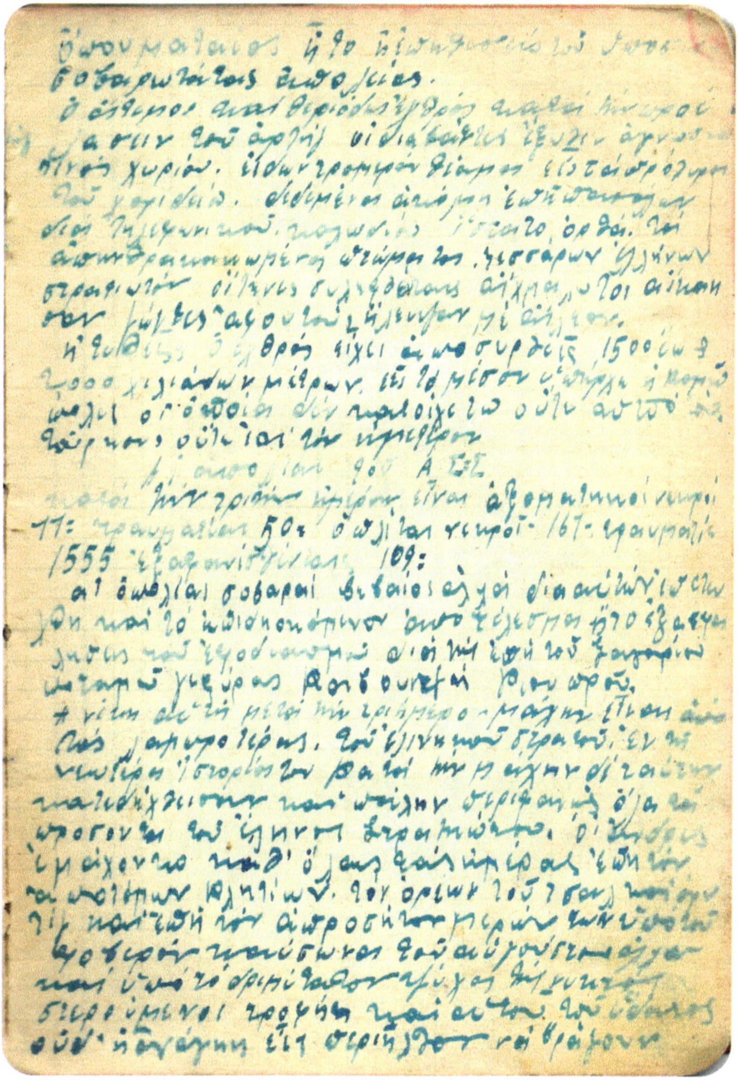

[64]

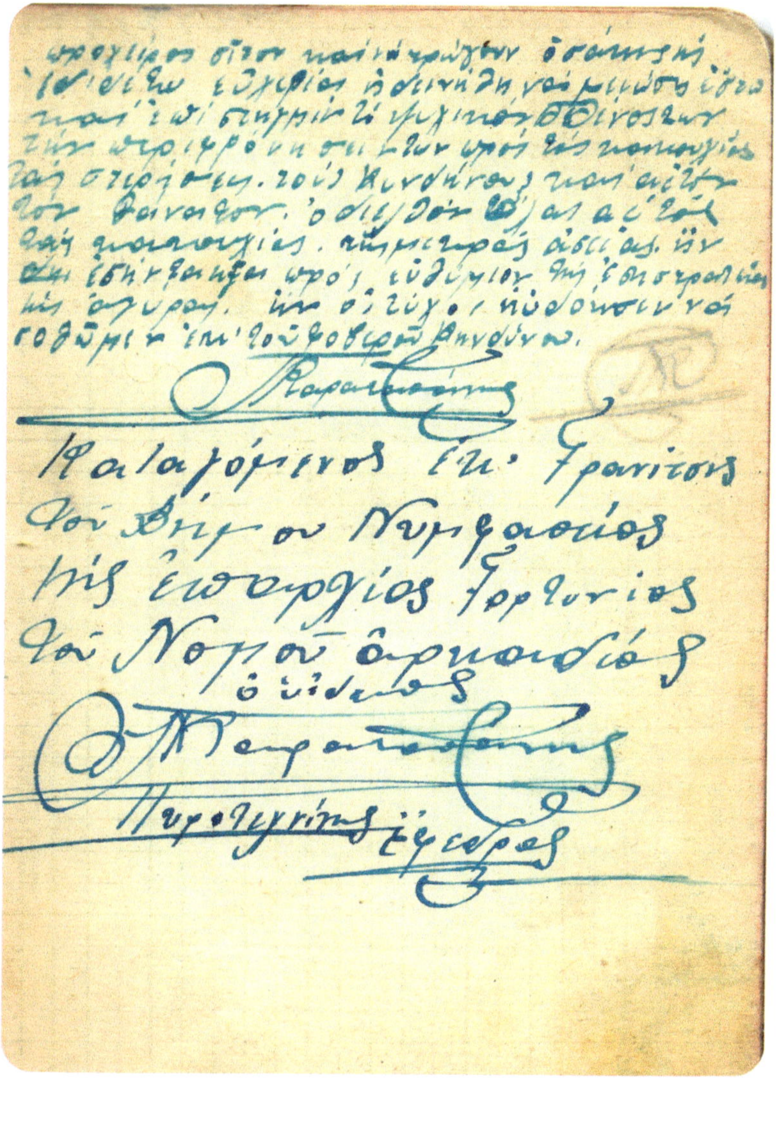

[66]

[67]

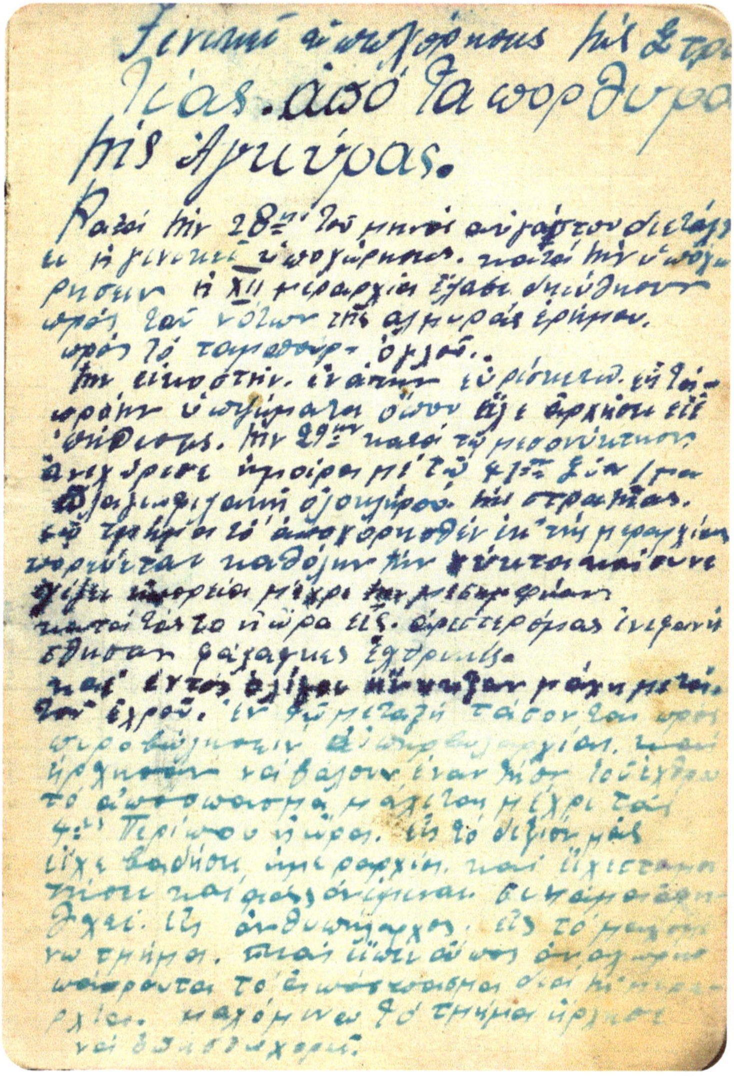
Γενική ὑποχώρησις τῆς Στρα-
τιᾶς. ἀπό τά πρόθυρα
τῆς Ἀγκύρας.

Κατά τήν 28ην τοῦ μηνός αὐγούστου διετάχθ-
ει ἡ γενική ὑποχώρησις. κατά τήν ὑποχώ-
ρησιν ἡ XII μεραρχία ἔλαβε διεύθυνσιν
πρός τά νότια τῆς ἁλμυρᾶς ἐρήμου.
πρός τό [illegible] ὅρμο.
[illegible]
[illegible]
ἐπίθεσις. τήν 29ην κατά τό μεσονύκτιον
ἀνεχώρησε ὁμοίως μέ τό 41ον σύνταγμα
[illegible] τῆς στρατιᾶς.
τό τμῆμα τό ἀποχωρησθέν ἐκ τῆς μεραρχίας
πορεύεται καθόλου τήν [illegible] καί συνε-
χίζει πορεία μέχρι τήν μεσημβρίαν
κατά τάς 10 ὥρα [illegible] ἀριστερόθεν ἐνεφανί-
σθησαν φάλαγγες ἐχθρικαί.
καί ἐντός ὀλίγου συνῆψαν μάχη μετά
τοῦ ἐχθροῦ. ἐν τῷ μεταξύ [illegible]
[illegible] καί
[illegible]
τό ἀπόσπασμα [illegible] μέχρι τάς
4ης [illegible] ὥρας. εἰς τό δεξιόν μας
εἶχε [illegible] ἡ μεραρχία. καί [illegible]
[illegible]
[illegible]
[illegible]
[illegible]
[illegible]
[illegible]

[68]

[69]

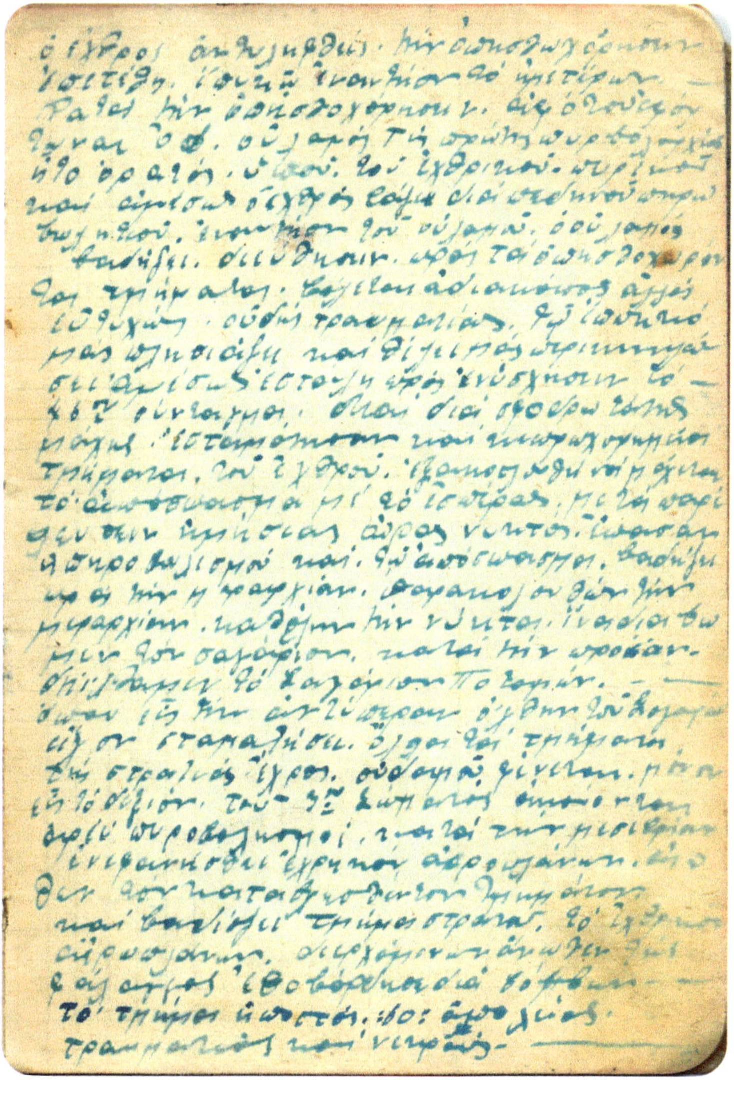

[70]

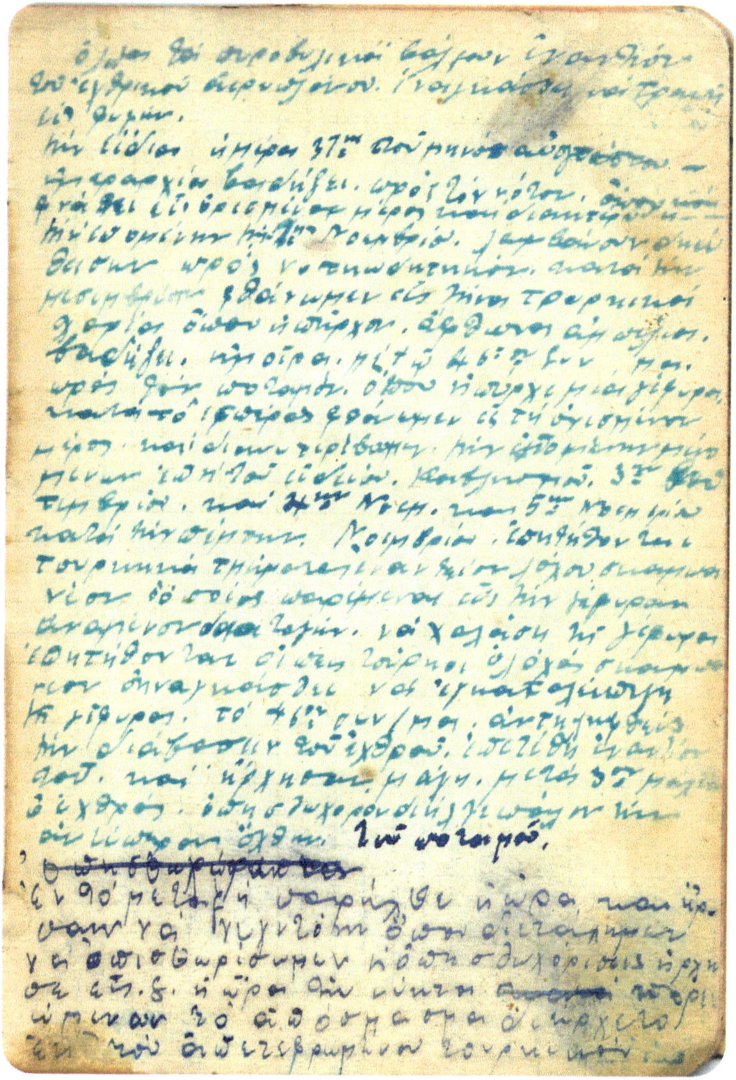

[72]

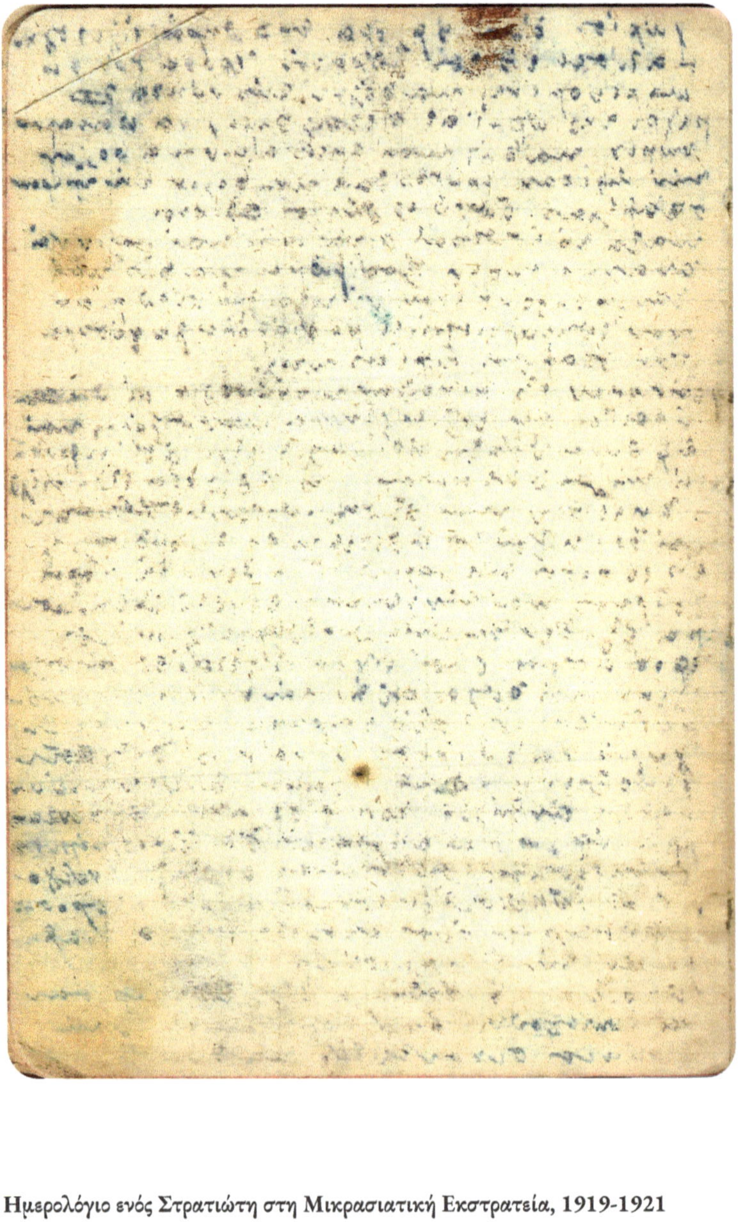

[73]

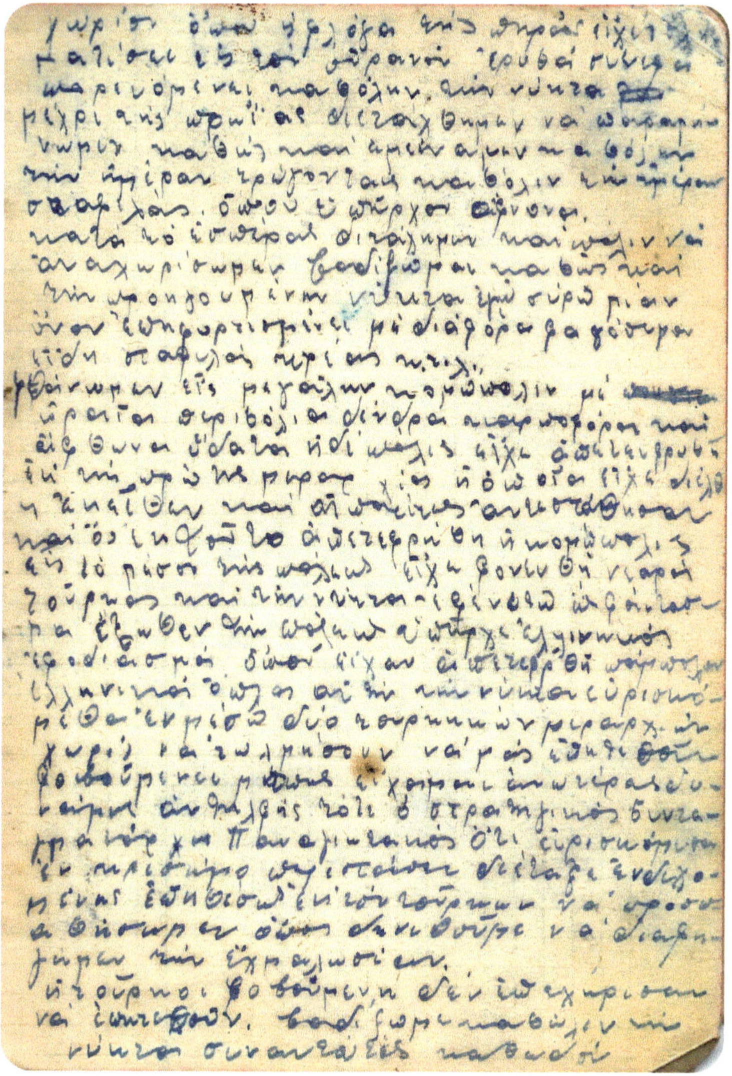

[74]

[75]

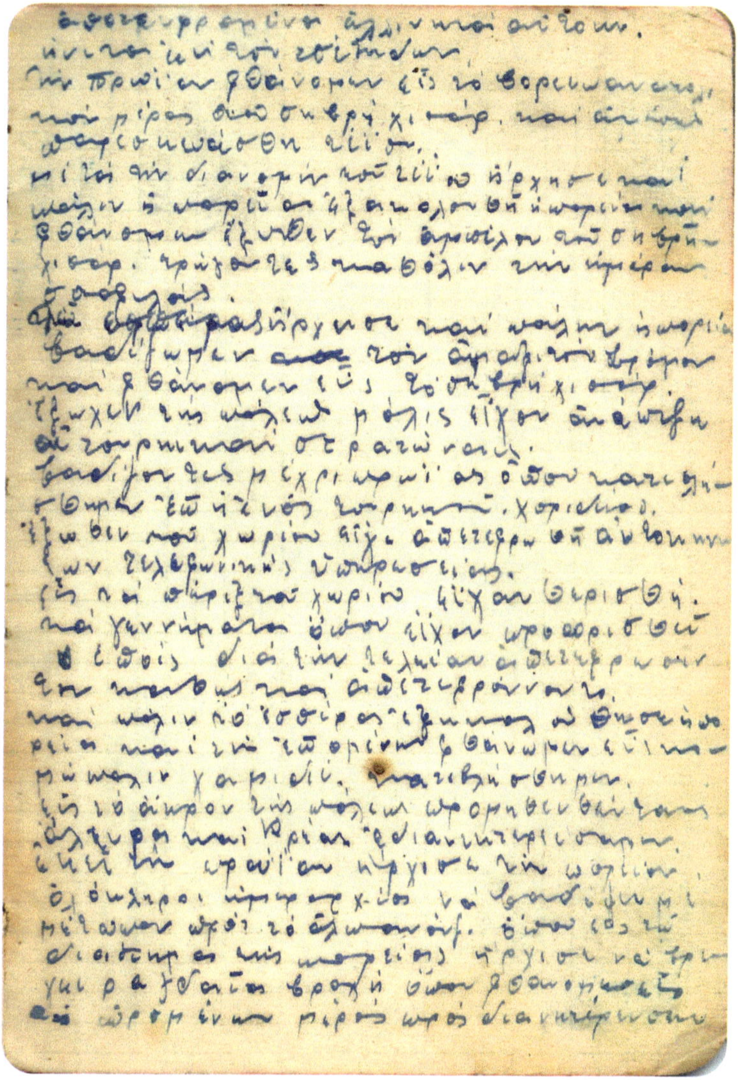
[illegible] ἄλλα καί αὐτόν.
[illegible]
Τήν πρωΐαν φθάνομεν εἰς τό [illegible]
καί πέραν [illegible] Σιβρή χισάρ. καί [illegible]
[illegible] ἐκεῖ.
Μετά τήν διανομήν τοῦ [illegible] ἤρχισε καί
πάλιν ἡ πορεία [illegible] ἡ πορεία καί
φθάνομεν ἔξωθεν [illegible] τοῦ Σιβρή-
χισάρ. [illegible] τήν ἡμέραν
[illegible].
[illegible] ἤρχισε καί πάλιν ἡ πορεία
βαδίζομεν [illegible] τοῦ [illegible]
καί φθάνομεν εἰς τό Σιβρή χισάρ.
Ἔξωθεν τῆς πόλεως μόλις εἴχομεν [illegible]
οἱ τουρκικοί στρατῶνες.
βαδίζοντες μέχρι πρωΐας ὅπου καί στα-
θμεύσαμεν ἔξω ἑνός τουρκικοῦ χωρίου.
Ἔξωθεν τοῦ χωρίου [illegible]
[illegible] τηλεφωνικῆς ὑπηρεσίας.
εἰς [illegible] χωρίον εἶχαν [illegible].
καί [illegible] ὅπου εἶχον προσορισθεῖ
[illegible] διά τήν [illegible]
[illegible]
καί πάλιν [illegible] ἡ πο-
ρεία καί τό [illegible] φθάνομεν εἰς [illegible]
[illegible] χωρίον. [illegible]
εἰς τό ἄκρον τῆς πόλεως [illegible]
[illegible] καί [illegible] διανυκτερεύσαμεν.
ἐκεῖ τήν πρωΐαν ἤρχισε τήν πορείαν.
[illegible] νά βαδίζωμεν [illegible]
[illegible] πρός τό [illegible]. ὅπου εἰς τό
διάστημα τῆς πορείας ἤρχισε νά βρέ-
χει [illegible] βροχή ὅπου φθάνομεν
[illegible] μέρος πρός διανυκτέρευσιν

[76]

[77]

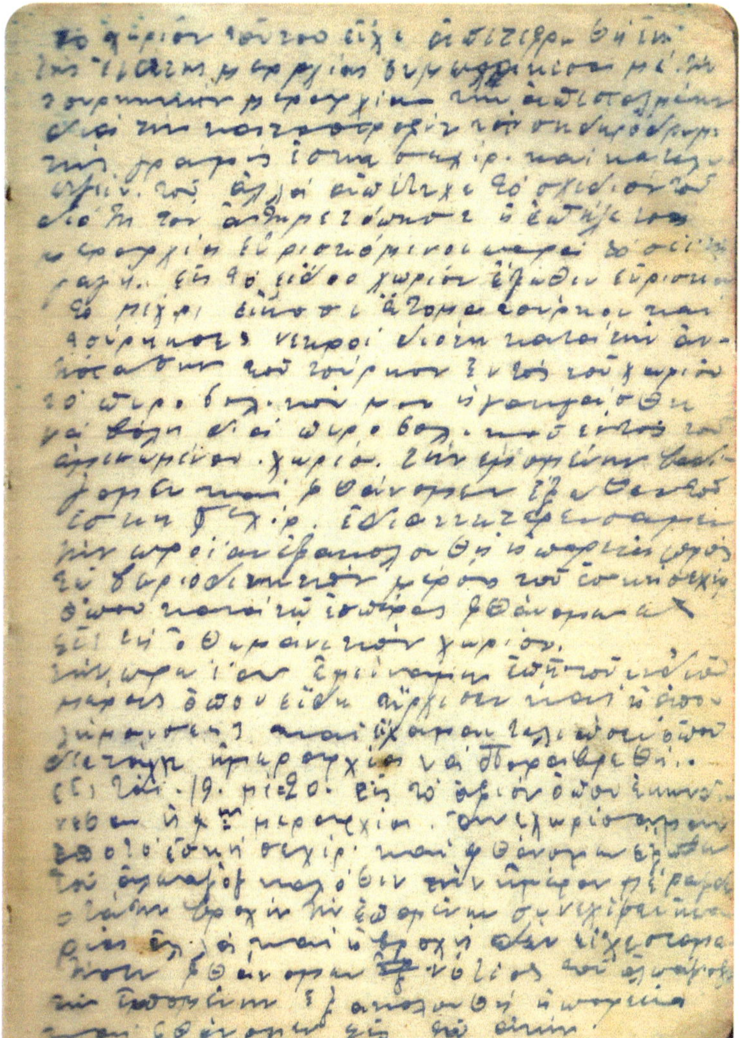

[78]

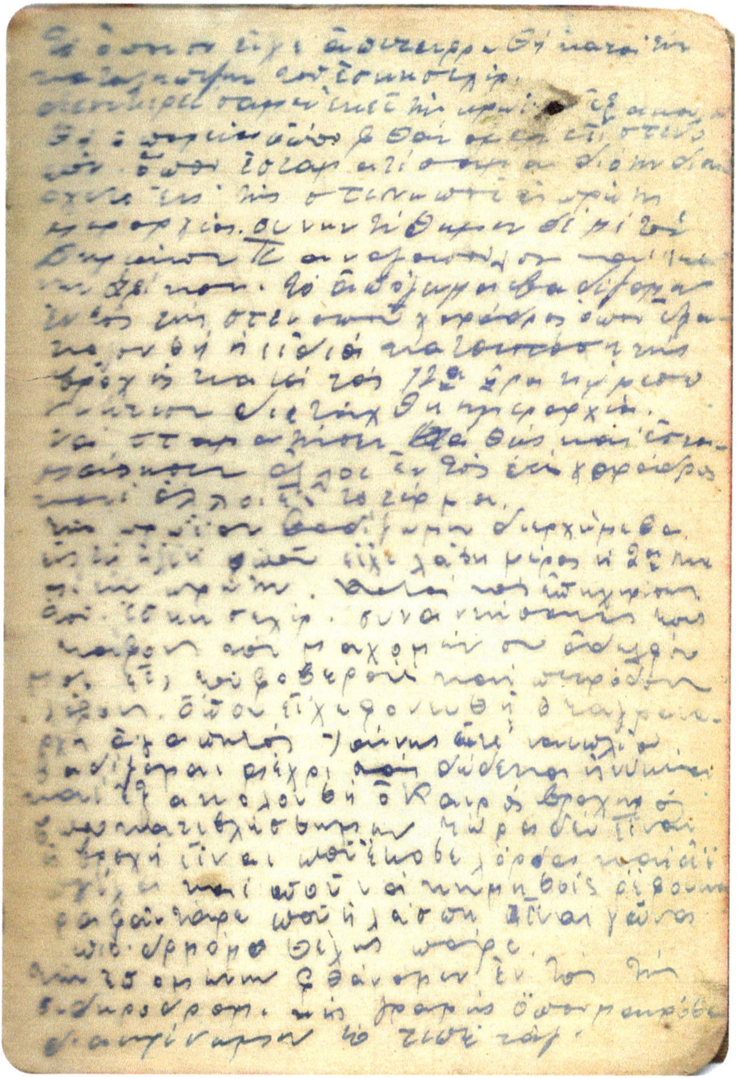

[80]

[81]

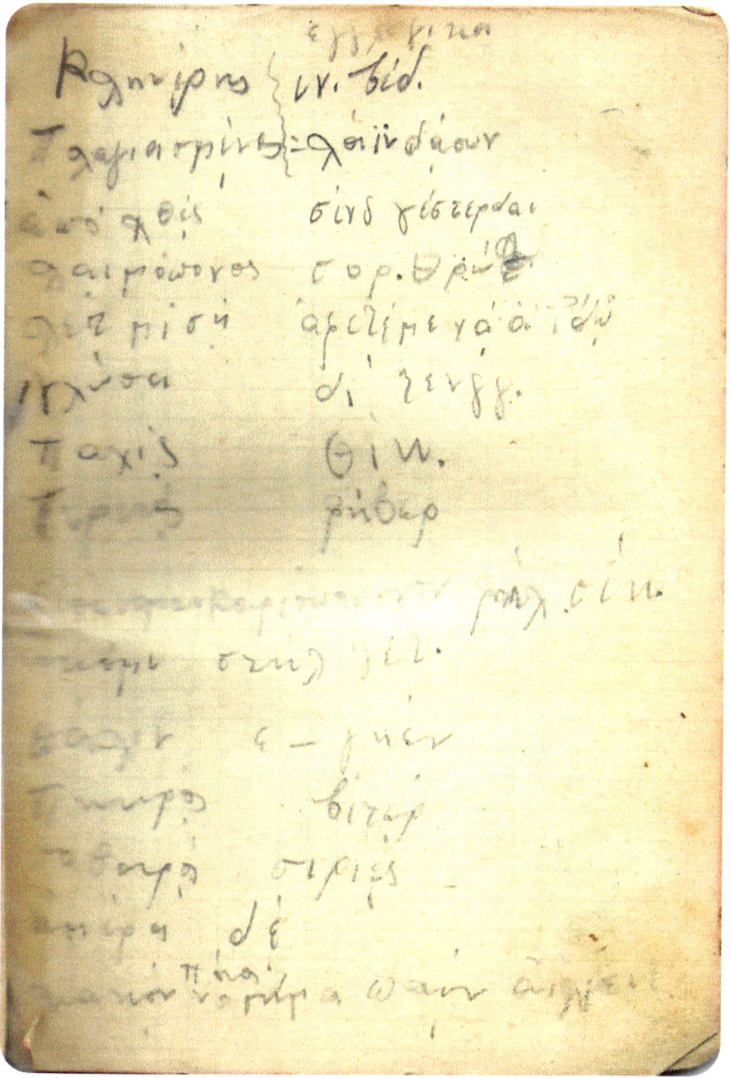

[82]

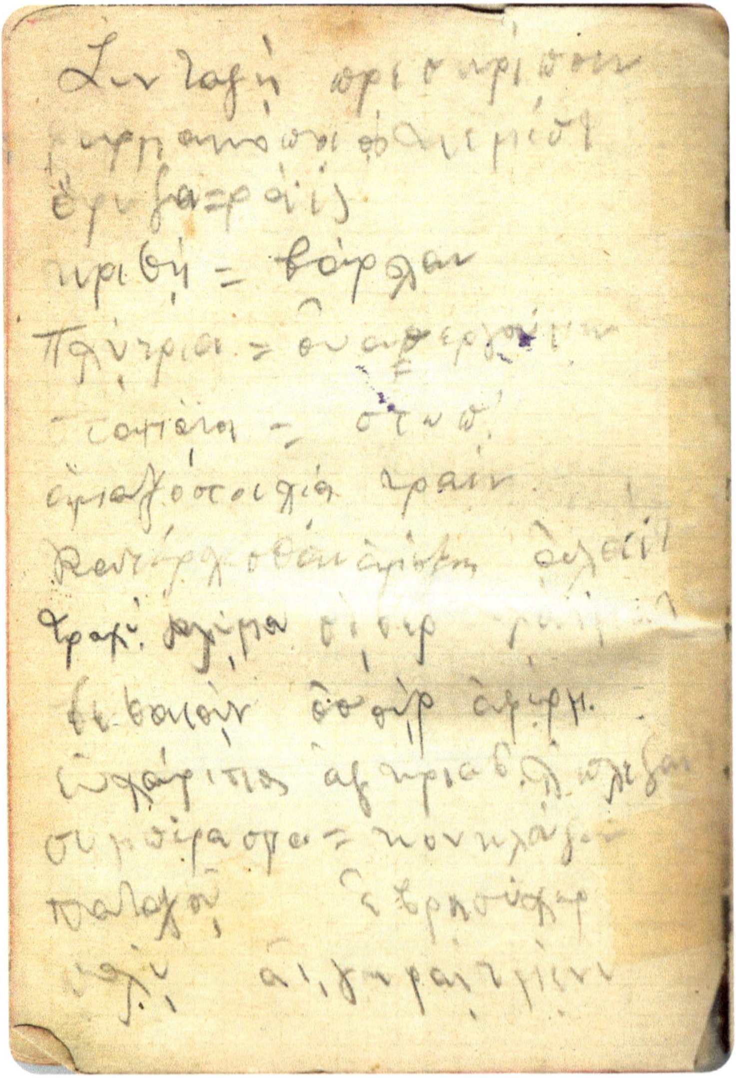

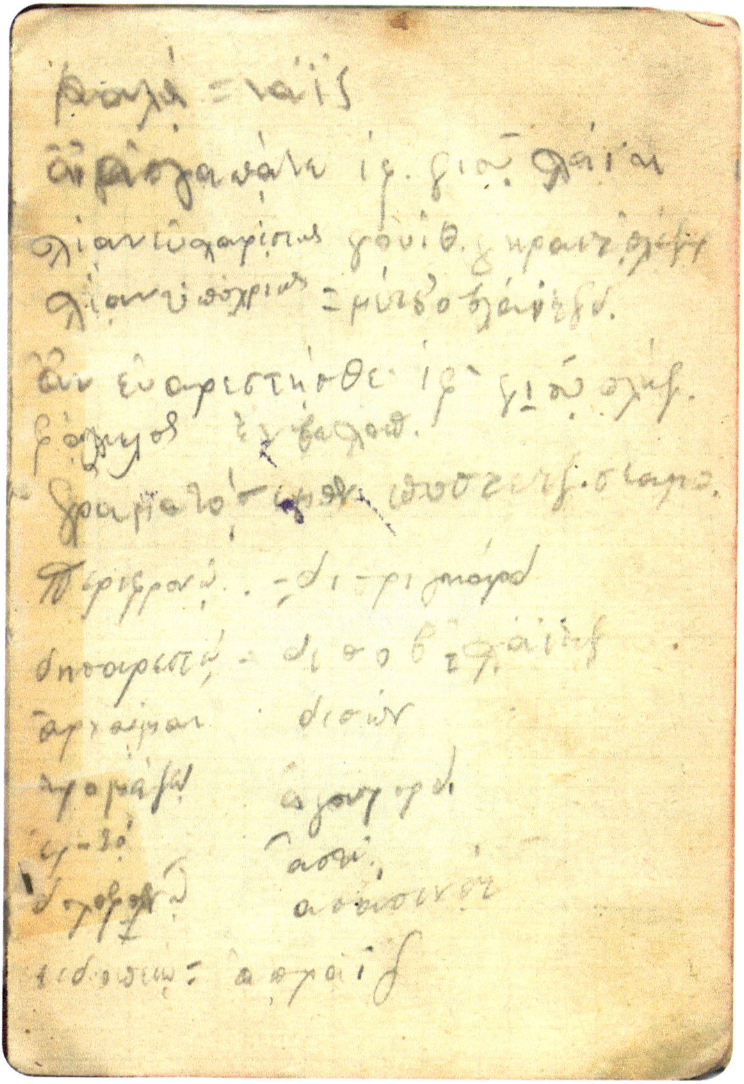

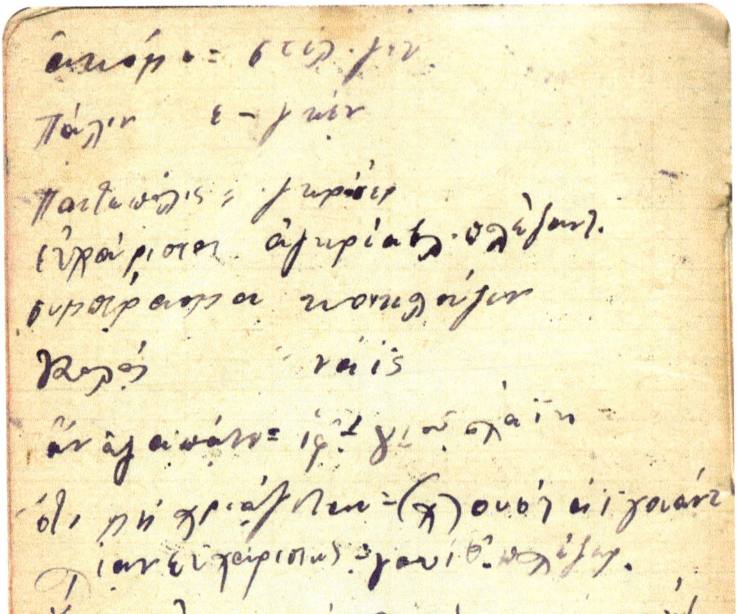

[85]

[86]

[87]

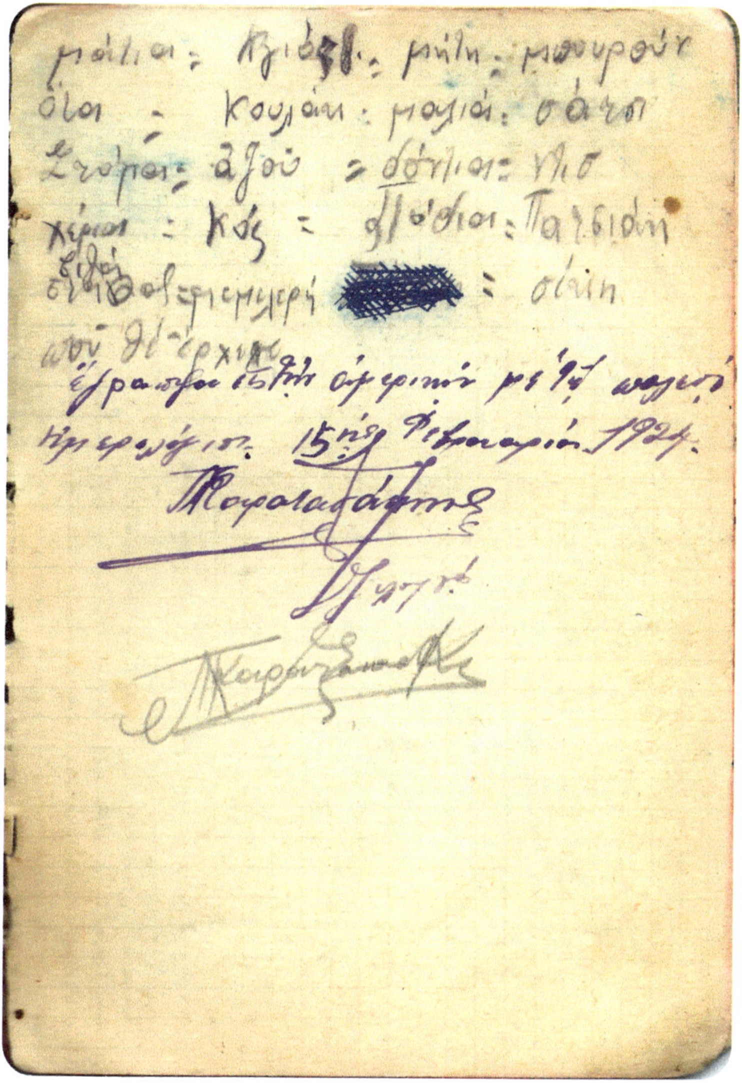
15ης Φεβρουαρίου 1924

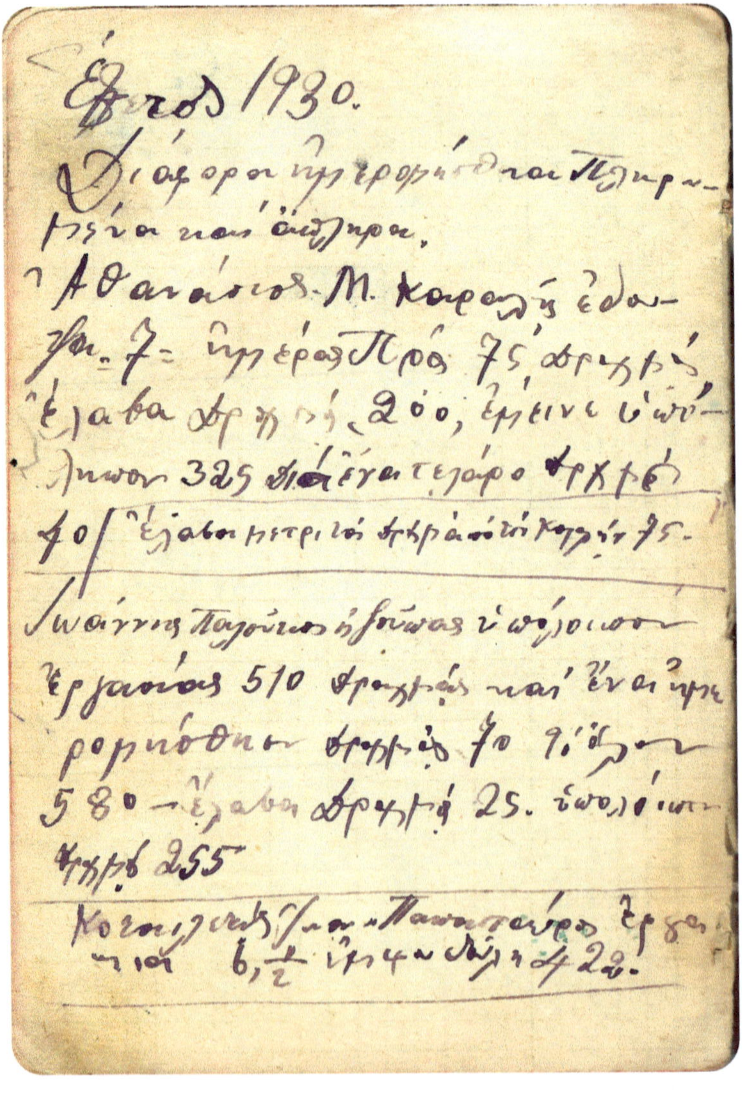

Έτος 1930.
Διάφορα ημερομίσθια πληρωμένα και απλήρωτα.
Αθανάσιος Μ. Καραολής εδούλεψε 7 ημέρας προς 75 δραχμάς
έλαβε δραχμάς 200, έμεινε υπόλοιπον 325 και ένα τσιγάρο δραχμάς 40
έλαβε μετρητά δραχμάς από τον Καρρά 75.

Ιωάννης Παπούτσος ηξιώσας υπόλοιπον εργασίας 510 δραχμάς και ένα ημερομίσθιον δραχμάς 70 το όλον 580 έλαβε δραχμάς 25. υπόλοιπον δραχμάς 255

Κοτσιλ[illegible] Παναγιώταρος εργασία 6 1/2 [illegible] 42[illegible].

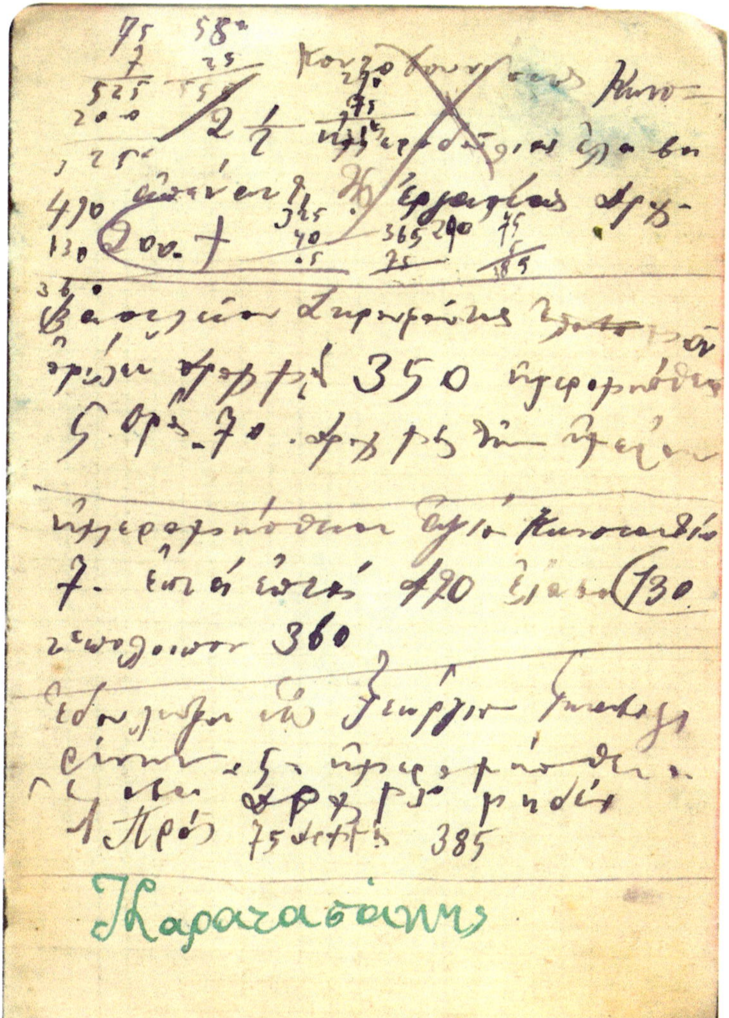

[90]

680. [illegible]
350. [illegible]
100 [illegible]
150 [illegible]
100 [illegible]

1080

[91]

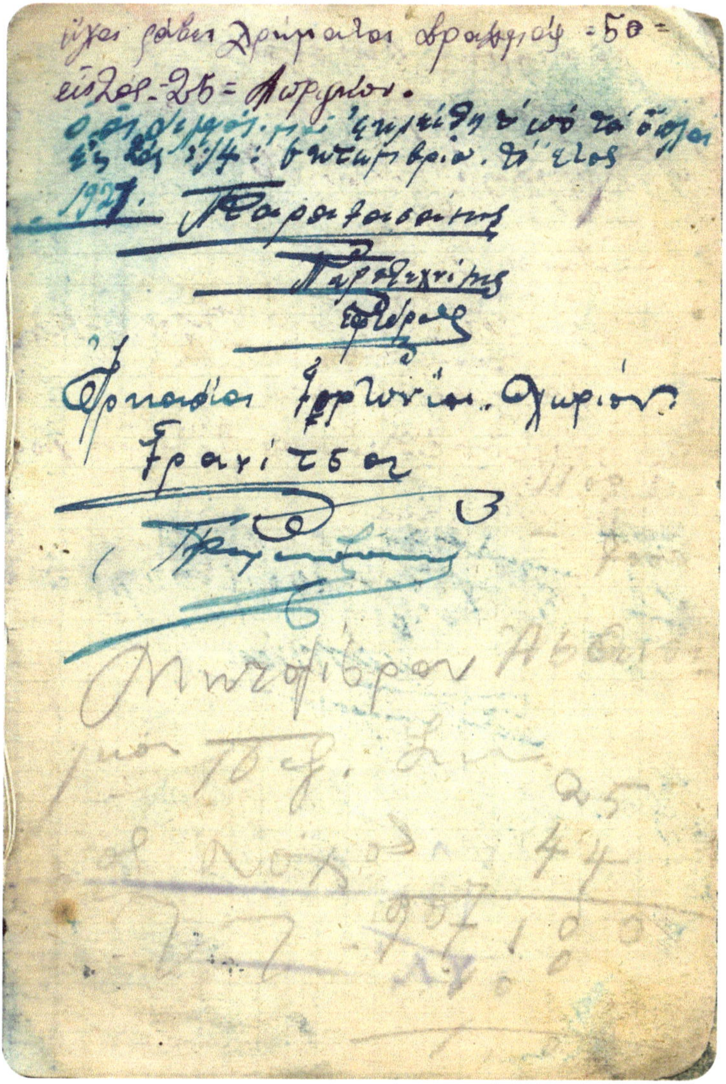

[92]

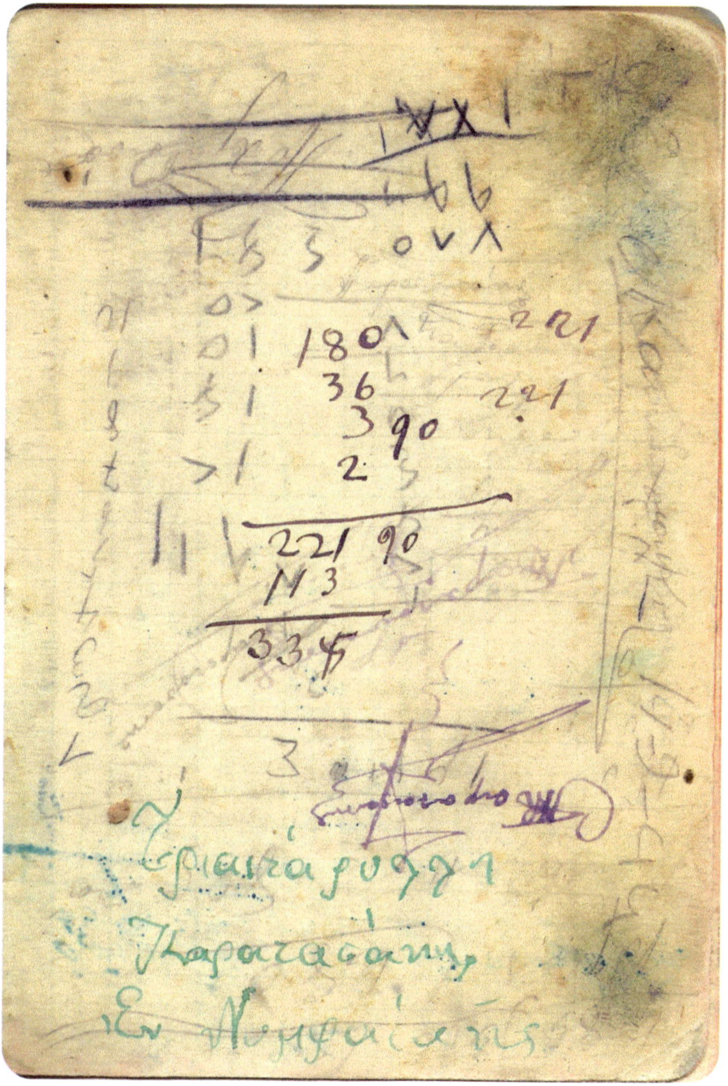

[94]

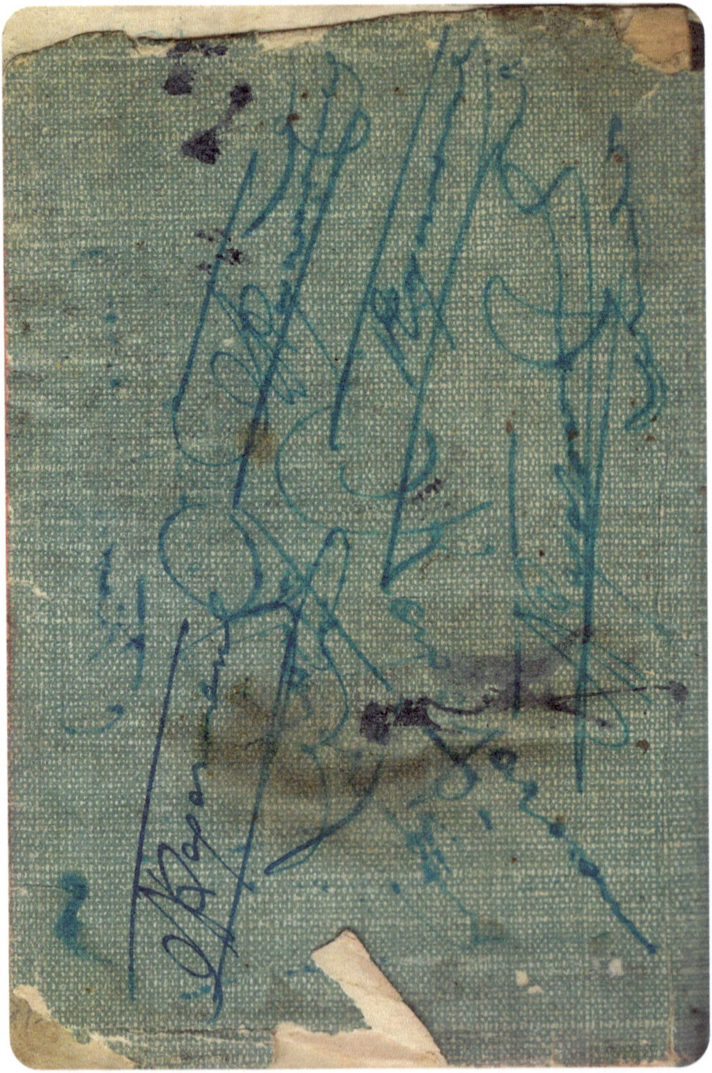

[95]

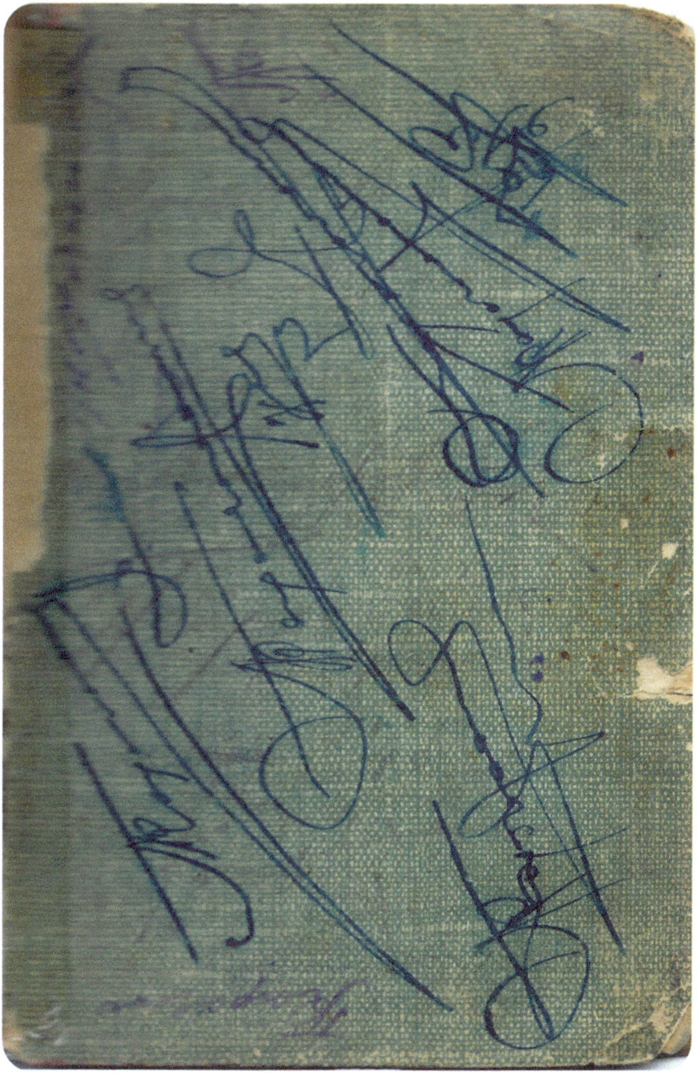

[96]

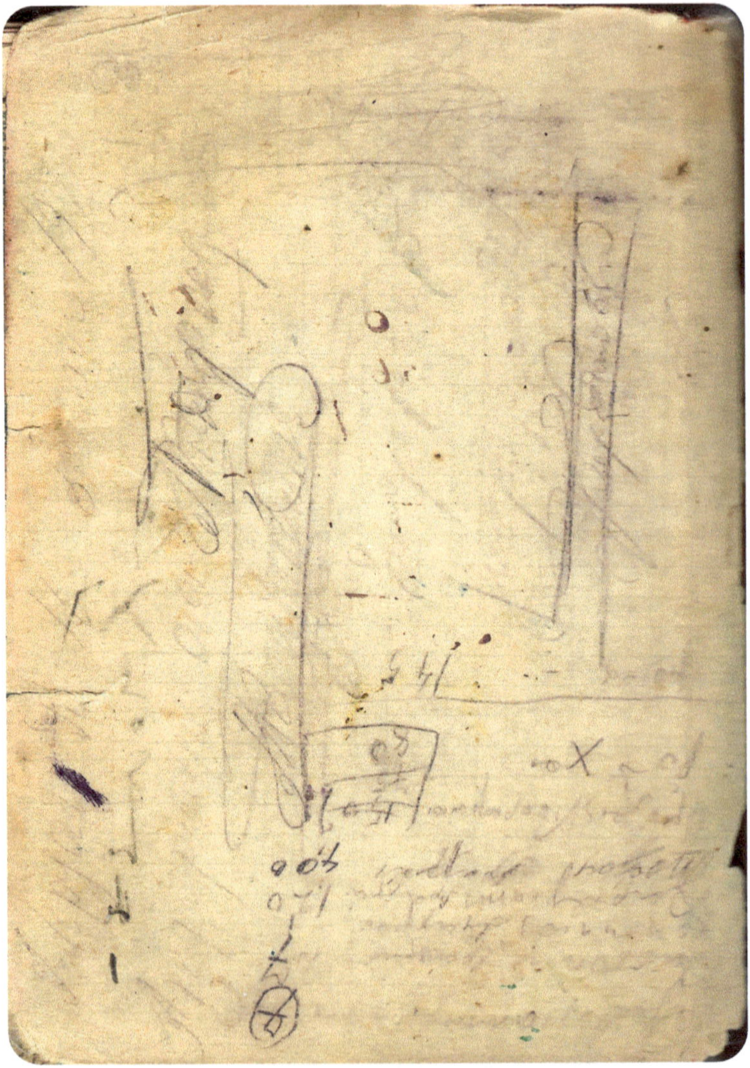

[97]

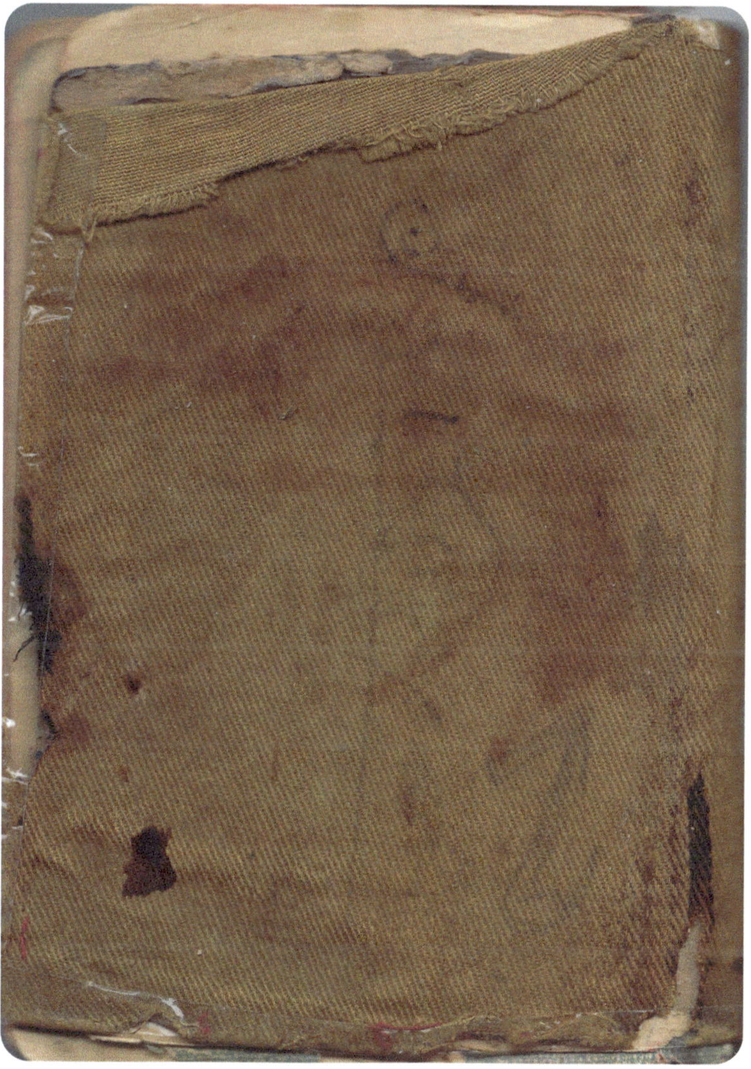